智元微库
OPEN MIND

成长也是一种美好

共知全创识球

—知识管理系列—

世界の知で創る:
日産のグローバル共創戦略

[日]野中郁次郎 [日]德冈晃一郎 著
刘会祯 马奈 译

人民邮电出版社
北京

图书在版编目（CIP）数据

全球知识共创 / （日）野中郁次郎，（日）德冈晃一郎著 ; 刘会祯，马奈译. -- 北京 : 人民邮电出版社，2021.2

（知识管理系列）

ISBN 978-7-115-55469-7

Ⅰ. ①全… Ⅱ. ①野… ②德… ③刘… ④马… Ⅲ. ①企业管理—知识管理—研究 Ⅳ. ①F272.4

中国版本图书馆CIP数据核字(2020)第240401号

◆著　　　　[日] 野中郁次郎
　　　　　　[日] 德冈晃一郎
　译　　　　刘会祯　马　奈
　责任编辑　王振杰
　责任印制　周昇亮

◆人民邮电出版社出版发行　　北京市丰台区成寿寺路 11 号
　邮编 100164　电子邮件 315@ptpress.com.cn
　网址 https://www.ptpress.com.cn
　涿州市京南印刷厂印刷

◆开本：720×960　1/16
　印张：15.75　　　　2021 年 2 月第 1 版
　字数：186 千字　　　2021 年 2 月河北第 1 次印刷

著作权合同登记号　图字：01-2018-5193 号

定　价：69.80 元

读者服务热线：（010）81055522　印装质量热线：（010）81055316

反盗版热线：（010）81055315

广告经营许可证：京东市监广登字20170147号

目 录

致中国读者 / V

推荐序一 / IX

推荐序二 / XV

译者序 / XXI

前　言 / XXV

支撑日产全球发展战略的车型 / XXXI

/ 第一部分 /

在美国的研发战略——开拓精神

第一章　邂逅文化差异　3

第二章　跨越文化差异　27

第三章　战略大转变　46

第四章　技术创新　70

/ 第二部分 /

欧洲的研发战略——多元化精神

第五章 艰巨的挑战——在汽车发源地欧洲的车辆研发 81

第六章 多样化的“修罗场”产生的共创文化 111

第七章 再度挑战类型 3 研发 131

/ 第三部分 /

利用全球知识进行创造——全球意识

第八章 全球知识的综合——随时随地共同创造 155

第九章 基于美好愿景的实践主义——理想与实践的螺旋 175

第十章 创造知识的全球化团队：一支优秀的全球工程师队伍 187

第十一章 携手雷诺更上一层楼 198

后 记 / 211

附 录 20 年来日产在美国、欧洲探索研发模式的历程 / 213

致中国读者

我很荣幸地获悉，人民邮电出版社智元微库公司策划出版了“知识管理系列”图书，选入了我的部分作品。为此，我要特别感谢清华大学陈劲教授以及所有为该系列图书在中国出版而努力的人。

我提出“知识创造理论”距今已有20多年。20世纪八九十年代，我在日本东京一桥大学的同事竹内弘高和今井健一与我对日本公司的知识创新过程进行了广泛的案例研究。在进行这些案例研究的过程中，我意识到日本企业是通过“由内向外”的过程进行创新的，这有别于当时流行的组织行为主导理论，包括诺贝尔经济学奖获得者赫伯特·西蒙（Herbert Simon）提出的“信息处理范式”—— 一种“由外向内”的分析机制。我认为，企业应以“为社会创造更好的产品”为理念，以“创造未来”的精神实施创新活动。从这个意义上讲，企业需要更明智地开展商业活动和自我管理来造福人民。

20多年后，我们生活在创新经济时代，知识创造理论的价值比以往任何时候都更为重要。新经济要求商业组织创造新的价值观、产品、服务或流程。在当前的动态环境中，商业组织必须在“创新”和“死亡”中二选一。此外，它们还需要比前几十年更广泛、更明智地扩展业务视角和范围，因为我们看到，社会和环境中对商业事务有重大影响的问题的相关性与复杂性日益增强。商业组织不仅应反映客户需求或股东价值观，还应密切关注其他利益相关者、环境可持续性和社会问题，这些都是其商业模式的一部分。这样做给这些商业组织带来了严峻的挑战，因为商业组织试图控制的要素越多，就越难达成它们的目标。那么，它们如何才能完成如此艰巨的任务呢？在我看来，答案是知识创造和知识实践。

知识创造范式为组织创新提供了可行的解决方案。由“社会化、外显化、组合化、内隐化”构成的 SECI 知识创造模型，体现了隐性知识与显性知识相互作用创造新知识的组织范式。虽然商业组织知道这两种知识都是必要的，但是，即使我们生活在大数据时代，它们也需要在具体的业务活动中让隐性知识处于首要地位。身体经验和直觉（隐性知识）等事物构成了我们拥有的所有知识的基础，我们需要时刻注意人们正在经历的事情，以及我们如何交流感知和经验以获得新的想法和产品。最终，隐性知识促使“由内而外”的创新过程得以实现。

为了积累和综合新知识，我们需要一个“创造的空间”。我们称之为“场”（Ba），这一概念最初是由日本哲学家西田几多郎提出的。在场中，人们有意识、全心全意地致力于一个共同的目标，通过人际互动和环境互动产生新的知识。“场”是一个创造互动的临时空间。为了创造成功的场，我们通过关心、爱、信任和彼此接受建构的同情心与同理心，对“主体间性”（intersubjectivity）[①] 的形成产生重要影响。主体间性使我们能够最有效地分

① 德国哲学家埃德蒙德·胡塞尔（Edmund Husserl）深入与广泛讨论了这一概念，指人对他人意图的推测与判定。——译者注

享我们的隐性知识，从而产生更好的知识创造成果。这种知识创造的互动过程使我们认识到，我们所知道的取决于我们与谁互动、我们从文化和社会中了解到了什么，以及我们进行知识创造的环境是怎样的。人类的任何知识都是“集体知识”的一种形式。

知识创造的另一个关键之处在于，如何处理团队内部、跨团队以及组织之间的矛盾与紧张的关系。对组织而言，这些矛盾和紧张的关系既是巨大的障碍，也是巨大的创新机遇。这两个看似矛盾的因素不应该被视为泾渭分明的独立事物，因为这些问题是相互关联的。借助“动态二元性”（dynamic duality）[①]的概念，我们就可以把这些问题看作是互补的。动态二元性告诉我们，理解这些矛盾要素之间的关系和相互联系，能引导我们找到一个整体解决方案。

要做到这一点，我们需要所有相关人员积极参与，无论他们是项目团队、组织还是其他组织的一部分。在知识创造的过程中，我们建议采用自中向上而下式的管理模式来达成这一目标。与组织过程的每一步都由少数组织成员（通常是经理或执行人员）命令和指挥不同，创造知识的组织应该吸收并授权参与项目的其他成员做出决策并执行有效的行动。随着组织承诺和共同目标的实现，不同知识的综合将产生真正、持久的影响。

实践智慧（或实践理性）推动了知识创造。实践智慧是指通过务实的步骤，坚持不懈地追求共同利益。这种智慧不仅使我们能够适应特定的情况，还能够创造我们想要的未来。我们的信念和价值观塑造了这一明智的决策和行动过程，告诉我们可以从所选的情景和行动中获得什么意义。

① 动态二元性是指把相互矛盾的观点加以动态综合。——译者注

从本质上讲，知识创造过程是一个以人为中心的集体创造过程。正是基于我们作为人类的全部特征，我们才可以进行知识创新。在经济、环境和社会的发展遭遇前所未有挑战的时代，我们需要通过知识创造来应对。希望该系列图书的读者都能欣赏这些想法，共同创造知识，为社会的美好未来而努力。

真诚致谢。

野中郁次郎

2019 年 8 月 19 日

推荐序一

以“知识管理”赢得现代管理的新发展

在全球经济竞争日益激烈的时代，以“知识管理”的观点设计组织发展的哲学、运行体系、管理模式等显得尤为重要。

这是因为100多年来，管理学主要经历了两个重要的发展阶段：第一，以弗雷德里克·温斯洛·泰勒（Frederick Winslow Taylor）等人为代表的把员工视为“经济人”的科学管理阶段；第二，以彼得·德鲁克（Peter Drucker）等人为代表的把员工视为“知识人”的知识经济和知识管理阶段。

泰勒首次将管理视为一门科学。他指出，建立各种明确的规定、条例、标准，将一切管理内容科学化、制度化是提高管理效能的关键；并且他主张把计划职能从工人的工作内容中分离出来，由专业的计划部门去做。从事计划职能的人员被称作“管理者”，负责执行计划职能的人被称作“劳动者”。泰勒的理论在当时收到了很好的效果，但也存在一定的局限性。首先，泰勒的思想主要是解决工人的操作、现场的监督和控制问题，管理的范围比较小，内容涉及面也比较窄，基本没有涉及组织的供应、财务、销售、人事等方面。此外，虽然泰勒的理论使生产过程的管理控制合理化，但把雇员和业务都排斥在决策过程之外。法国的亨利·法约尔（Henry Fayol）、德国的马克斯·韦伯（Max Weber）等人对泰勒的管理思想进行了补充和完善。他们的管理思想聚焦于组织结构和管理原则的合理化，以及管理者职责分工的合理化，由此奠定了古典组织理论的基础。在科学管理的基础上，法约尔和韦伯等人的管理思想形成了成熟的质量管理和项目管理模式，并强调采用基于数据的管理体系。工业经济时代创立的管理学体系强调控制，但控制就意味着自上而下、强制性的管理。

早在20世纪60年代初，彼得·德鲁克就已经提出了知识工作者和知识管理的概念。在知识社会，最基本的经济资源是知识，知识工作者将发挥越来越重要的作用，每一位知识工作者都是一位管理者，知识型员工具有更高的素质、良好的自我管理能力，严格控制在他们身上显得多余。同时，严格控制会限制知识型员工的创造力。在工业社会，工作方法和程序由专家定义，而且一旦被定义，就不允许改变。因此，不管员工有多强的创造力，展露天赋的机会都大大减少。进入20世纪80年代，德鲁克提出“未来的典型企业以知识为基础，由各种各样的专家组成，这些专家根据同事、客户和上级提供的大量信息自主决策和自我管理”。

在“知识人”视野下，企业管理的哲学、风格、制度等应做出更大的转变。首先，减少“控制”思想，倡导“支持与关爱”模式。今天，管理者应该更多地关心和激励员工，创造适合的环境和条件，激发员工的潜质和创造力，使其实现自身的价值，进而帮助和引导员工实现自我管理。这种管理模式还蕴藏着另一个重要理念——无论成功或失败，皆有再挑战和激发勇气的精神，这是新时代企业管理的重心。

20世纪90年代中后期，素有“知识创造理论之父”和“知识管理的拓荒者”之称的野中郁次郎进一步发展了面向知识人的管理体系。在《创造知识的企业》一书中，他提出了知识创造理论，以知识创造能力来诠释日本企业的成功。该书是该领域的经典之作，于1996年被美国出版协会评为“年度最佳管理类书籍”。

有别于其他学者将日本企业的成功归结为各种“日式管理”特色，野中郁次郎通过研究索尼、松下、本田、佳能、日本电气和富士复印机等日本公司的创新案例，归纳出组织的知识创造能力——能“有组织地”充分调动蕴藏在员工内心深处的个人知识。他以波兰尼的知识两分法为基础，从“显性知识”和“隐性知识”的关系入手，认为知识管理一个很重要的目标就是挖掘隐性知识，即不仅对客观信息进行简单的“加工处理”，还要发掘员工头脑中潜在的想法、直觉和灵感。

野中郁次郎不仅系统地论述了隐性知识与显性知识的区别，还构建了知识创造的SECI模型：社会化（socialization）、外显化（externalization）、组合化（combination）和内隐化（internalization），这为我们提供了一种利用知识创造的有效途径。英国管理史学者摩根·威策尔（Morgen Witzel）认为，野中郁次郎对现代管理学的主要贡献体现在两个方面：第一，他是世界上知识管理领域最重要的思想家之一，他的论述几乎覆盖该领域的每个方面；第二，对西方读者而言，他是日本管理方法及技巧最主要的解读者之一。

野中郁次郎认为，建立在西方传统哲学基础上的组织理论归结为笛卡儿式科学思维的产物，如泰勒的科学管理理论就立足于用“科学”代替“经验常识”，西蒙的信息处理范式受到计算机和认知科学发展的影响，过分强调人类推理和组织决策过程的逻辑方面。他觉得，在这种科学理性视野下的组织，本质上是没有知识创造能力的“刺激—反应”式机器。他认为，企业并不是机械地处理来自周围环境的信息，而是有意识地创造信息，他在 1985 年出版的《组织进化论》中提出了该观点。

在研究中，野中郁次郎发觉，现有的信息处理理论不足以解释企业的创新行为。因为除了信息处理，创新过程还包括知识的取得、创造、运用与保存等多项活动。更重要的是，通过与许多创新者的访谈，野中郁次郎发现，创新通常来自创新者个人的信念。通俗地讲，这些信念就是他们对世界的看法，学术界称为“心智模式”。传统的西方管理思想认为，企业是信息处理的机器，唯一有用的信息是可以计量的数据，而野中郁次郎认为企业是创造知识的平台。“在一个只有不确定性能确定的经济环境中，持续竞争优势的一个确定性来源是知识。”知识创造理论从认识论和本体论两个维度进行阐述，包括 SECI 模型、创造知识的“场”和推动知识创造螺旋的组织方式。他构建的“自中向上而下式”的管理模式，从理论上阐释了企业中层管理人员的实践智慧在创造知识的过程中所发挥的作用，而“超文本组织”结构则体现了东西方管理智慧的现代结合。

野中郁次郎运用东西方哲学智慧以及日本式思考和模糊处理方法，在日本企业成功实践经验的基础上建构了知识创造理论，以 SECI 模型为中心，将主观与客观、隐性知识与显性知识、直接经验与逻辑分析有机地结合起来，创造了一系列知识管理领域的经典之作。他的知识创造理论强调“人是最重要的资产，知识是企业的战略性资产”，并“以人为本”，统领现代组织管理理论。

多年来，野中郁次郎心无旁骛地把自己的精力集中在知识创造这一领域。他跟踪观察日本制造企业由弱到强的变化规律，深入研究了日本企业的知识创新经验，将佳能、本田、松下、NEC、日产、花王等企业新产品和新工艺的开发过程进行详细的剖析，准确地揭示了知识生产的起点与终点，清晰地辨识了知识生产模式的常规类别，创造了一个全面评估企业知识管理绩效的工具，并提供了促进知识创造的方式方法。他的研究涉及知识管理的各个方面，如“自中向上而下式”的管理模式确立了中层管理人员在企业知识创造过程中的重要地位，超文本组织结构则吸收了官僚制和任务团队的优点，将企业运作效率、稳定性、知识创造的有效性与动态性有机地结合在了一起。

近年来，野中郁次郎不顾年事已高，坚持每月深入企业进行案例研究；同时，他积极学习东西方哲学思想的精髓以发展组织管理理论，如知识如何向智慧演化，特别是他引入了古希腊哲学家亚里士多德的实践智慧概念。根据亚里士多德的观点，实践智慧应该是一种审慎的、基于实际的、有道德的智慧，也是在特定背景下对共同利益做出的最佳判断，更是一种高质量的隐性知识。

实践智慧的提出，将超越组织发展的“经济目标”和量化管理，而把培养具有高度伦理价值的信仰、为人类发现更多的善意作为重点，使其成为一个有使命感的组织。例如，本田宗一郎为本田公司提出的“三喜理念”（生产者的喜悦、销售者的喜悦和购买者的喜悦）、京瓷的稻盛和夫为企业制定的座右铭——“敬天爱人”，这些都是实践智慧型领导力的经典事例。

实践智慧的提出，也将进一步在德鲁克提出的目标管理的基础上，将信念管理理念更好地在企业管理实践中落地，即组织发展更应该关注调动员工的工作激情，激发企业持续创新，推动个人价值与企业愿景同步实现。

展望未来，企业管理的重点虽然需要依靠科学管理的思想，但是大数据和数字化转型也应成为中国企业管理的方向，基于 PDCA 的质量管理和 IPD 的项目管理仍然需要进一步发展。在经济价值和社会责任并重、科学管理和人文精神同步的新时代，我们应高度重视隐性知识的积累和共享，以及基于 SECI 模型螺旋上升的知识管理。需要进一步指出的是，野中郁次郎认为新的知识管理将更多地依赖愿景型领导者、共情型领导者，知识管理也将从传统的管理工具走向新管理思想的营造，特别是要用亚当·斯密的“道德情操观”而非“国富论”来引领组织未来的发展。

陈劲

清华大学经济管理学院教授

清华大学技术创新研究中心主任

《清华管理评论》执行主编

国际创新与知识管理会议（iKM）创始人兼主席

全球“最具创新力知识型组织”（MIKE）大奖联合负责人

推荐序二

创造知识的能力是企业在不确定环境下保持创新的关键

“知识管理系列”图书的核心作者是野中郁次郎，他在书中以知识创造为核心，阐述了关于知识创造过程、知识管理、知识科学的研究理论，并结合企业案例分享了实践成果，获得了国际学术界和企业界的高度关注和评价，由此奠定了他在知识管理领域的重要地位。野中郁次郎对时代的判断与彼得·德鲁克一致，即现在是知识经济时代，企业将以知识工作者为主体。唯有知识才是企业创造最大价值的源泉，创造知识的能力是企业在不确定环境下保持创新的关键。自 1991 年开始，野中郁次郎在国际期刊上发表了一系列具有影响力的与知识管理相关的研究成果，同时他还在富士通等众多知名企业开展知识管理的实践。依托丰富的学术理论与企业实践经历，野中郁次郎在开发知识创造理论、应用知识提升企业竞争力方面形成了具有重大价值的观点。野中郁次郎最大的贡献是创设了一套组织知识创造的理论与通用模型，并在理论与实践层面进行深入浅出的解读，他也因此被国际管理学界公认为“知识管理的拓荒者”“知识创造理论之父”。

野中郁次郎早年在加利福尼亚大学伯克利分校工作过，主要研究市场营销领域中的信息处理。因研究领域相似，诺贝尔经济学奖获得者赫伯特·西蒙还曾为他的书作序。通过系列的“信息”研究，野中郁次郎逐渐发现，信息的视角不足以支撑创新，很多时候，个人的价值观、信念对创新更具决定性作用。野中郁次郎认为，不应该仅遵循西蒙的“组织就是信息处理机器”的观点，更应该将组织视为“有机生命体”，它需要创造知识以能动地适应环境。基于这一观点，野中郁次郎逐渐将研究视野转移到知识领域，深入地探索分析其获取、创造、保存和利用的过程。

通过野中郁次郎等人在《创造知识的企业：领先企业持续创新的动力》与《创造知识的方法论》中的研究，我们认识到，知识分为两种，即显性知识（可以通过正式语言或媒介传播的知识）与隐性知识（内心知道但无法将其转换成语言的经验性、身体性知识）。组织知识创造的关键就是对隐性知识的调动与转换。有价值的知识一直存于员工的大脑中，组织管理者需要做的就是把个体大脑中的知识“调”出来，“结晶”、固化并转换为其他人也能利用的知识。组织知识管理就是针对两种知识在个体、团队及组织层面进行转换和创新的活动。围绕这一主题，野中郁次郎等人提出了著名的知识创造与转换的SECI模型，他们在模型中坚持本体论与认识论相结合的原则。野中郁次郎强调，组织本身并不创造知识，个体才是创造知识的主体，且只有通过个体之间的共享，知识才会在团队、部门、组织层面汇聚发展并呈现螺旋上升的态势。

野中郁次郎非常看重“场”的概念，认为知识创造的关键在于“场”与团队。场是一个活动的共享背景，发生在特定的时空背景下，它是个体之间知识交互与创造的基础。不同的场能通过相互连接形成更大的场。他在“知识管理系列”图书中反复强调场和团队，认为个体的知识只有在社会或场中得到验证，并与其他人的知识进行整合，知识才得以创造与发展。

野中郁次郎认为，SECI 的四阶段分别在原始场所、对话场所、系统场所及实践场所中进行。这些观点是他强调中层领导者价值的理论基石。只有中层领导者才能更好地发挥场与场之间的桥梁作用，促进场之间、参与者之间的互动。中层领导者能更好地建立、激发和连接场，这从领导力入手为知识的实践管理提供了一个很好的抓手，即创发“场的领导力”。在以创造力应对不确定性的时代，领导者就是要建立场让员工能迅速地解决问题。野中郁次郎在系列书中反复强调实践型领导力的培养，尤其强调培养创造知识附加值的领导力。我有幸提前拜读了由人民邮电出版社智元微库公司引进的这套“知识管理系列”图书中的三本，分别是《创造知识的企业：领先企业持续创新的动力》《信念：冲破低迷状态，实现业绩跃迁》《创造知识的方法论》。该系列书中的《创造知识的实践》《创新的本质》等也将陆续出版。

《创造知识的方法论》聚焦于阐述组织管理中员工必备的“知识方法论”，详细解答“知识是什么”“创造知识的本质是什么”及“创造知识的方法论是什么”等问题。这本书将组织知识创造理论的哲学基础、原理及实践原则展现在读者面前。

《信念：冲破低迷状态，实现业绩跃迁》则提出了信念管理的概念。野中郁次郎等人强调，在人际关系弱化、价值观被稀释的情境下，企业更要培育从目标管理（Management by Objectives，MBO）的世界观到信念管理（Management by Belief，MBB）的世界观，对组织中的个体信念进行管理。因为组织成员共享高质量的信念能让个体重获工作价值感，更主动地学习与工作，而领导也会成为更加称职的支持型领导。因此，在人事评价中，组织也应该增加信念管理的内容，关注组织是否具备培育个人信念及形成信念网络的能力。作者在《信念：冲破低迷状态，实现业绩跃迁》一书中介绍了在企业中成功导入信念管理的关键方法，这使我们对信念管理的讨论不会只停留在理论层面，这本书将成为关注信念管理的领导者的必读之物。

下面我们来看看该系列其中一本书的核心内容。

《创造知识的企业：领先企业持续创新的动力》由野中郁次郎与同事竹内弘高合著，曾于 1995 年在美国出版并引起巨大反响。这本书基于知识视角研究了日本企业成功的原因，提出很多精辟且具有实践价值的观点，这些观点在今天依然具有重要的引领价值。作者强调，为了更好地解释创新，我们有必要开发组织知识创造的理论。这本书从知识创造原理、模型、实践操作等角度出发，向读者做出细致的解释与案例说明，搭建起理论到实践的桥梁。这是一本管理学中关于知识管理的著作，著名管理学者迈克尔·波特、大前研一等都给予这本书较高的评价。

野中郁次郎等人秉持的一个核心观点是组织不仅要学习知识，还要创造知识，知识创造才是日本企业拥有国际竞争力的重要来源。而将知识分为隐性知识和显性知识是这一观点的逻辑起点。在作者看来，组织内的知识主要是“隐性的”，不容易看到，也不容易表达，而正是这些隐性知识提升了日本企业的竞争力，这一点容易被忽视。因此，我们需要从技术维度和认知维度去交流、分享隐性知识，将其转换为显性知识。在隐性知识与显性知识的相互作用中，组织的知识创造才有了动力。关于隐性知识与显性知识的分类与互动是本书第一个重要内容。

为了更完整地展示组织知识创造理论模型，野中郁次郎等人通过认识论（Epistemology）与本体论（Ontology）两个维度构建模型。在认识论维度上，基于综合的哲学基础，他们提出组织的知识创造是“隐性知识和显性知识之间不断动态地相互作用”。野中郁次郎等人认为知识创造由4个部分组成，即隐性知识产生新隐性知识（社会化）、隐性知识产生新显性知识（外显化）、显性知识产生新显性知识（组合化）及显性知识产生新隐性知识（内隐化）。这4个部分是组织知识创造的“引擎”，是个体知识管理需经历的不同阶段，即知识转换的SECI模型。

在本体论维度上，首先，个体拥有并开发知识；接着，组织中的知识将由个体层面转向团队层面与组织层面（包括组织间）。本体论涉及个体、团队及组织等。组织知识创造的螺旋模型就发生在这两个维度上，而且这两个螺旋会随着时间的推移发生相互作用，进而带来创新。为了更好地理解螺旋模型，我们一定要超越西方哲学中的“二分法”，如隐性知识与显性知识、自上而下与自下而上等。在认识论与本体论上构建组织知识创造的动态螺旋模型是本书的第二个重要内容。

同时，为了更好地管理组织知识创造模型，野中郁次郎等人提出了促进知识螺旋上升的5个条件：①意图；②自主；③波动和创造性混沌；④冗余；⑤必要多样性。简单来讲，要想产生更高效的组织知识创造，个体首先需要明确公司的意图与愿景，从而理解什么是有价值的。在个体环境支持下，组织需给个体提供充分的自主性，使个体的信息获取产生有意义的重叠，让个体感知与外部环境沟通的获得感，以及保持组织内部多样性以更好地与外部复杂环境相匹配。言下之意，在组织知识创造的过程中，有很多实践原则可以遵循。在实际管理过程中，作者提出组织知识创造过程的五阶段模型，即共享隐性知识、创造概念、验证概念、建立原型及跨层转移知识。这个过程模型将知识转换模式、知识转换促进条件与外部环境充分整合，为企业产品开发等实践活动提供了重要的模型工具。我们同时要认识到，组织知识创造是非线性的，可以周期性地跨层面移动，作者采用松下公司的案例充分地说明了这一点。

《创造知识的企业：领先企业持续创新的动力》还分析了“自上而下式”的管理模式与“自下而上式”的管理模式在组织知识创造中的价值，并强调了中层管理者的战略价值，认为“自中向上而下式”的管理模式兼备了前两者的优点，是最适合进行组织知识创造的模型，能让知识螺旋更好地跨越本体论层面。同样，野中郁次郎等人认为“超文本组织”整合了层级体制与特别工作组的优势，这一新型组织结构能够促进知识创造的蓬勃发展。这本书第三个重要内容是提出组织知识创造的阶段模型并阐明中层管理者与“超文本组织”在组织知识创造中的作用，它展示了如何支持组织知识创造落地。

在知识驱动变化的时代背景之下，阅读“知识创造系列”图书能产生极大的价值。通过这套书，读者会更清晰地了解组织中的知识是什么；知识创造是什么；如何在方法论层面上更好地进行组织知识创造……对这些内容的把握能让我们按照知识管理的逻辑主线去理解企业，理解组织创新力的打造。虽然读者在阅读这套系列书时会遇到一些挑战，但掌握知识以及创造知识的概念和逻辑本身就是一种挑战。如果你愿意接受挑战，去理解、掌握这套书呈现的知识和知识创造的内涵，你也一定会在未来的企业管理工作中感受到知识带来创新的美好！

陈春花

北京大学王宽诚讲席教授

国家发展研究院 BiMBA 院长

2019 年 7 月 21 日于朗润园

译者序

2019 年 12 月 31 日，日产汽车前 CEO（首席执行官）卡洛斯·戈恩（Carlos Ghosn）出逃事件轰动全球，其出逃情节堪比好莱坞大片，成了人们茶余饭后的谈资，日产再一次吸引了全世界的目光。

日产创立于 1933 年，是日本三大汽车制造商之一。日产同时拥有堪称世界一流的技术和研发中心，其海外技术中心遍布全球，被人们称为“技术的日产”“世界的日产”。受日本泡沫经济影响，加上内部官僚主义严重，成本控制不力，从 1991 年到 1999 年，日产汽车公司连年亏损，负债高达 21 000 亿日元，市场份额由 6.6% 下降到不足 5%，公司濒临破产。1999 年，为摆脱困境，日产公司与雷诺公司达成联盟。素有“成本杀手”之称的卡洛斯·戈恩加入日产担任 COO（首席运营官）。在他的领导下，日产仅用两年时间就扭亏为盈，实现了奇迹般的 V 字形复苏，这是一项震撼全球的非凡成就。2017 年，日产雷诺联盟摘得全球汽车销量冠军。为实现日产的复苏，戈恩主要采取了两项举措：一是他擅长的成本控制，二是大力推行海外研发。

日产的海外研发事业开始于 20 世纪 80 年代。在日本企业的全球化脚步尚停留在海外制造阶段的时候，日产成为第一个设立海外研发中心的日本汽车公司。20 世纪 90 年代，随着日产经营状况的恶化，日产的海外研发事业也大受影响。戈恩通过一系列举措使日产的海外研发再获新生，并成为汽车行业海外研发的典范。

本书以“讲故事”“叙事”的方式（这是野中郁次郎先生大力提倡的知识管理方法）叙述了日产北美技术中心和欧洲技术中心的发展历程，系统总结了日产海外研发所经历的困难及采取的解决方式，从“全球知识共创”的角度出发，介绍了日产海外研发的成功经验。本书总结出日产构建的全球知识共创体系的三大典型特征：一是全球知识综合，二是基于美好愿景的实践主义，三是全球化的知识创造团队。这三大特征与作者多年来的理论一脉相承、一以贯之。

首先，隐性知识与显性知识的相互转化是一个动态的螺旋上升的过程。这一过程之所以能够创造出新的知识，就是因为进行了“辩证法的综合”。在海外研发过程中，与外国工程师及当地零部件制造商的协作、国内外零部件标准冲突、各地区的本地保护主义、多元文化的碰撞等问题不可避免，能否解决这些问题是决定企业海外研发之路能否成功的关键。但是矛盾和冲突并不可怕，矛盾推动了社会历史发展，矛盾还可以激发知识的“破”与“立”。面对重重难关，日产通过双向派遣大量员工、与雷诺联盟等方式实现了全球知识共创，完成了隐性知识与显性知识的转化，不断创新，创造出新的价值。因此，这一过程不是简单的“知识的融合”，它不是“1+1=2”，而是“1+1>2”，这也是“综合”的意义所在。

其次，在众多著作中，作者不厌其烦地强调实践的重要性，因为离开了经营现场的实践就无法产生新的知识，更无法创造知识资产。拿来主义固然是一条捷径，省时省力，但是“见之不若知之，知之不若行之”，现代管理学之父彼得·德鲁克指出“管理是一种实践，其本质不在于‘知’而在于‘行’”。日产坚持从员工的现场实践中汲取智慧和力量，从类型 1 研发到类型 3 研发，日产摸索出了一条非常适合海外研发的道路，把在实践中收获的知识转化为经济价值。

最后，视野有多大，事业就有多大。当前，经济全球化风生水起，知识经济时代已然来临，一个企业要做大做强，必须迈出国门，走向世界，运用全球知识进行共同创造。世界是一个网络，是一个“生态系统”，作者反复强调的组织内外的社会关联性是创新的基础，“积力之所举，则无不胜也；众智之所为，则无不成也”。没有员工之间的关联、与零部件生产商之间的关联、与盟友之间的关联，企业就没有知识的共享，没有交流对话，没有创造知识的“场”。而共享意味着知识的内隐化，对话意味着知识的外显化，这是创新的必经阶段。

经济全球化是一个关键的战略机遇，中国企业能否抓住这一发展契机、扬帆远航，如何在全球范围内整合资源、开拓市场，如何应对当地企业的竞争，日产的海外研发经历为中国企业的海外研发事业提供了宝贵的实践经验。作为一名企业管理者或决策参与者，企业在走向全球化的进程中，或面临跨国企业的竞争时，也许可以从日产的成功经验中得到一些启示。

彼得·德鲁克指出：“管理不只是一门学问，还应是一种‘文化’，它有自己的价值观、信仰、语言和工具。”这就是所谓的“企业文化”，它比先进的管理技术、严格的规章制度和各种高利润的指标更加重要。在日产的海外研发进程中，让国外的工程师感受日产的企业文化并学会日产式的研发模式成了日产成功的关键。在全球化过程中，如果企业一味地迎合当地的环境、需求、标准而丢弃了企业自身的文化基因，也就失去了与当地企业竞争的最大优势。企业之所以进行海外研发，就是因为此举既能让企业站在市场的第一线，直接地感受当地的市场需求，又能将企业自身的优势融入其中，求同存异，取长补短。唯有如此，企业才能研发出当地市场认可的产品。中国企业要走出国门，首先就需要打造自身的企业文化，并使之在发展过程中不断被强化、传承下去，这是中国企业与国外企业竞争的有力武器。

本书的前言至第七章的翻译工作由刘会祯负责，第八章至附录由马奈负责，若有疏漏之处，敬请批评指正。

刘会祯　马奈

2020 年初夏

前　言

1988 年夏秋之交，大约 100 名完全没有国外工作经验的日本工程师远渡重洋，分别聚集到了美国底特律市和英国纽卡斯尔市近郊。由此开始，他们开创了一个前所未有的“日本车海外研发”时代。虽然当时已经有很多日本公司将工厂迁移到了海外。但在汽车设计方面，还没有公司做出过海外研发的尝试。最先“吃螃蟹”的是日产公司。更难能可贵的是，日产兵分两路，在美国和欧洲同时做出了探索。日产工程师们的梦想是研发出在世界各地都能获得认可的“好车”。但是，当时没有一个人能够预想到，这条通往理想之门的道路一走就是 20 多年。

本书讲述的是日产公司建立海外技术研发中心并逐步做大做强的故事。

日产公司于 1988 年春天在美国设立了具有技术研发职能的 NRD（现在的日产北美技术中心，NTCNA）。在设立初期，NRD 面临双重挑战：一是完全零起点的公司建设，二是探索与福特公司合作研发项目。20 世纪 90 年代中期，因为总部业绩持续低迷，日产公司被政府紧急要求收缩业务面并尽量使零部件生产本土化。在这场危机中，NRD 的存续也受到了极大威胁。为了应对这一挑战，NRD 冒着风险，做出了不依赖日本本土，海外独自研发汽车的战略大转变。这一转变最终取得了成功。现在 NRD 规模和实力兼备，已经逐渐具备了连续研发多个车型的能力，并致力于成为“美国最佳汽车制造公司”。

与此同时，在欧洲，日产的欧洲研发中心 NETC（现在的日产欧洲技术中心，NTCE）在英国某装配工厂一角的小房间里宣告成立，并开始逐步崭露头角。成立不久，他们就推动了霹雳马车型的欧洲本土化研发，并开始与欧洲福特共同研发二代特兰诺车型。霹雳马车型曾一度占据了欧洲年度销量榜的第二名。但是，与 NRD 在美国的顺风顺水不同的是，在那之后 NETC 就遭遇了零件本地化困难、超出预想的成本压力等一系列难题。这使得他们不得不放弃原先的计划，暂停了车辆研发工作，转而专注于研发零部件，同时不断养精蓄锐以图东山再起。之后，戈恩[①]入主日产，开始了所谓的“休克疗法”。而 NTCE 则因为与雷诺的技术部门重复而面临被解散的危机。但是，NTCE 成功地化解了危机，实现了逍客车型的自主研发并大获成功。

现在，日产在全球（包括美国和欧洲）的研发团队已经发展到 20 000 人，同时搭建起了强有力的组织体系，仅依靠当地员工就可独立进行汽车研发工作。而且，由欧洲和美国的日产工程师研发的车型，例如 Xterra、Altima 和逍客，在当地市场都大受欢迎。从世界范围来看，像日产这样在海外研发方面取得成功的案例也不多见。

而且，在过去的 20 年中，被派遣到国外的日本工作人员在当地都得到了很好的锻炼，与当地的工程师们一起成长。在海外市场，他们可以收获很多在日本本土“温室”中绝对收获不到的经验。现在，日产研发部门的

① 1999 年 4 月成为日产汽车 COO，后于 2001 年升任 CEO，2018 年由于涉嫌过少申报自身报酬被东京地方检察院特搜部以自愿同行方式带走。——编者注

高层大多都有过海外工作经历。此外，很多海外研发部门的领导也陆续进入了日产本部，成了日产的管理核心。日产充分利用这些海外研发经验，快速将其创造的全球研发网络生态系统扩展到全世界，在金砖四国及其他国家建立了 11 个海外合作研发中心。像日产这样由拥有海外现场工作经验的领导来指挥企业研发工作的公司，在日本还是很少见的。

员工的海外工作经验也成了日产公司与雷诺公司成功合作的基础。日产的工程师们早已习惯了与各种各样的、和自己拥有不同价值观的员工一同工作、共同创新，同时也学会了适应不同的文化背景，这使得他们能够和雷诺的研发团队密切合作，强有力地推动项目的研发进程。这也体现了日产与大多数闭门不出的日本企业所不同的组织能力。

日产研发部门能够成功完成如此高难度的全球研发拓展工作，其秘诀是什么？另外，在竞争如此激烈的扁平化世界中，日产的经验能让企业学到什么？更进一步说，在日本实力较强的产品研发方面，能否一改过去单纯由日本人进行研发的传统，和世界其他国家的工程师们合作，将优秀的产品研发转变成世界的共有财产？本书通过对日、美、欧三地 100 多名在职或退休的日产相关人员的采访，从"全球知识共创"的观点出发，系统地总结了日产最近 20 年的发展轨迹，以期回答上述问题。

日本企业全球化的口号已经喊了很长时间。也确实有很多企业在销售和生产业务上朝着全球化方向迈进，但究竟有多少企业在全球范围内创造了知识呢？IBM、通用、宝洁、雀巢等跨国公司已经构建起利用世界各地的能力研发新产品的机制。与这些企业相比，日本企业的研发和商品研发环节仍集中在日本国内。日本的商业模式主要是通过共享丰富的隐性知识进行创新，在研发环节倾向于将隐性知识作为创新的源泉。这一点是日本企业与欧美企业在产品研发环节的最大差异，也成了日本企业在全球化研发进程中追赶欧美企业的最大障碍。

但是，难道日本企业就可以将这种模式视为“日本特色”而顺其自然，坐视不理？难道日本企业打算以“日本的特殊性”和“自身的特色”为借口，“缩进壳里”拒绝应对变化，拒绝进行广泛的知识综合，故步自封？这样做的结局必然是知识的贫乏化以及知识存在感的逐步弱化。研发业务是创造价值的源泉，如果日本企业继续在研发全球化方面保持沉默，面对日本人口日益减少的趋势，仅靠日本国内是否还能继续应付研发业务的方方面面？

现在有些“全球化”已经变了味道，变得过于重视金钱游戏，一味追求量的提升，对产品质量缺乏重视，等等。为了应对这些问题，人们有必要重新构筑作为生活基础的制造业并革新生活方式。企业需要让世界各国的工程师都参与进来，充分发挥其多样性的潜能，将先进制造业的根本——优秀的产品研发能力推向全球，以此来重构世界制造业。“全球知识共创”时代既是在全球更广泛的范围内灵活运用知识进行设计研发的时代，也是利用世界的知识进行共同创造的时代。只有让世界各地的技术人员参与进来，重新构建一种利用知识进行价值创造的机制并加以广泛推广，企业才可能为全球的知识创造做出更多贡献。

日产的研发部门面对全球化的挑战，正是采取了这样的措施。日产通过实践证明，以日本的隐性知识为主体的知识创造过程，即使有了世界各地技术人员的参与也能够顺利进行，而且创造出了一种更加完善、质量更高的知识创造体系。在推动研发工作向海外转移的过程中，日产逐步打造了一个“全球知识共创”的网络。像细胞分裂一样，现在日产的全球技术中心布局已经从最初的美国和英国，迅速扩展到墨西哥、中国、印度、俄罗斯等地。并且，很多在美国和英国技术中心成长起来的美国人和英国人被陆续充实到了这些技术中心的领导层中。

此外，在时任日本 CEO 戈恩的领导下，日产与雷诺的联盟进一步加速了全球技术中心的扩张进程。因为两个公司并不是 M&A① 的关系，而是“联盟”。双方共同坚持的一个立场就是，日产的研发项目和雷诺的研发项目既可以相互切磋促进，也可以排除差异，互相借鉴学习。正是研发全球化催生了这种“双方共赢”（Best of both）的联盟模式，与此同时，多层次的知识综合也已开始。可以看到，在戈恩的推动下，这种生机勃勃的知识创造过程的重构正在全球范围内稳步推进。

在本书中，笔者尝试从这些日产探索未来的故事中，提取出日产构筑的全球知识共创体系的典型特征，并将其总结为以下三点。

1. 全球知识综合过程（Global Knowledge Synthesis）
2. 基于美好愿景的实践主义（Visionary Pragmatism）
3. 全球化的知识创造团队（Global Creative Team）

在第三部分中，笔者将对这三项特征进行讲解，并对其前景进行展望。如果本书能在准确描述全球范围内日产工程师们不懈努力过程的同时，给世界各地勇于尝试新的挑战、志在将隐性知识活用到全球、脚踏实地地重构新的产品研发价值观的读者们以勇气，那将是本书极大的荣幸。

① Mergers and Acquisitions，也就是企业并购。——译者注

支撑日产全球发展战略的车型

日产北美技术中心
Altima

日产欧洲技术中心
逍客

日产北美技术中心

初代贵士
（1988 年）

贵士
（2000 年）

Altima
（2005 年）

阿玛达
（2001 年）

Xterra
（2003 年）

泰坦
（2001 年）

初代 Xterra
（1996 年）

英菲尼迪
QX56
（2002 年）

括号内为该车型项目开始研发的年份。

日产欧洲技术中心

初代霹雳马
（1988 年）

特兰诺 2
（2000 年）

逍客
（2003 年）

蒂诺
（1996 年）

Note
（2003 年）

霹雳马 P12
（1998 年）

Micra K11
（1989 年）

Micra C+C
（2002 年）

括号内为该车型项目开始研发的年份。

第一部分

在美国的研发战略——开拓精神

第一章

世界の知で創る

邂逅文化差异

迅速启动与福特合作的小型货车[①]项目

全球化、扁平化世界、开源性、多样性……

当今社会，人们正在掀起一股浪潮，致力于打造一个无论何时何地，无论和谁，都能通过多人合作共创更美好世界的环境。在这股浪潮中，日本社会、政府甚至企业和个人都面临着巨大的变革并试图做出改变。但是，这样的变革并不是一件容易的事情。企业管理者在变革方面思想并不统一，还处于摇摆不定的状态。如果继续这样，企业将会变得与世界隔离，就像在进化的过程中迷路误入了加拉帕戈斯岛[②]，甚至有人开始担心出现“加拉帕戈斯现象”[③]。

对某些企业来说，以本土化生产和出口为主导的“国际化”模式已经逐渐适应不了日新月异的全球竞争环境。而与此同时，在全球竞争中处于领先的美国 IBM 公司则打出了全球整合型企业（Globally Integrated Enterprise，GIE）的旗号，致力于汇集来自世界各地最优秀、最聪明的人才，积极构建一种能够不受国界限制进行软硬件研发和生产的机制。

面对这种状况，20 世纪 80 年代末，日产汽车研发部门的工程师们为了应对全球化浪潮的挑战，开始做出积极地探索和变革。

---

① 该处为直译，该种车型只在美国销售，在美国市场被称为 minivan，中文意思为多功能旅行车、小箱包车，兼具货车的空间和轿车的驾驶感受，欧洲将其归于大型 MPV（多用途汽车）。——译者注

② 距离南美大陆约 1000 千米的火山岛群，由于远离大陆，形成了独自进化的现象，被称为“独特的活的生物进化博物馆和陈列室”，据说达尔文正是参观了该岛屿后得到感悟，为进化论的提出奠定了基础。——译者注

③ 指在孤立的环境下，独自进行“最适化”，而丧失和区域外的互换性，面对来自外部适应性和生存能力高的品种（制品或技术），最终面临被淘汰的危险。——译者注

日产公司的工程师们想研发制造出一款全世界都喜欢的好车。但是，如果一直将自己封闭在日本国内，他们就无法真正了解世界市场的需求。既然如此，何不与世界各地的人们一起努力，从头开始研发制造新的日产汽车。在日产的工程师队伍中，很多人坚信，制造一辆好车的热情全世界应该是相同的。他们中的许多人因为讨厌英语而选择了工科并成为一名工程师，但即使如此，他们还是决定，使用自己并不熟练的英语，走出国门，扬帆世界。

2008 年 8 月 24 日，位于密歇根州底特律市近郊的法明顿希尔斯市晴空万里，艳阳高照。驻扎在当地的日本员工称这种天气为“密歇根蓝”。盛夏的烈日直射而下，但是因为湿度较低，并没有让人感觉闷热，反而十分清爽。因此，密歇根州 8 月的晴天让人们不由自主地想起了日本的“5 月晴天”。

这一天，位于底特律市郊外的日产研发中心——日产北美技术中心（NTCNA）的前院内布置了多个雪白的活动用帐篷。在这里，美国人、日本人正在尽情地享受着热闹的派对。NTCNA 是一个拥有较大规模和较强研发能力的汽车研发中心，员工超过 1000 人，其实力在整个北美都是屈指可数的。此时聚集在这里的是前来庆祝 NTCNA 创立 20 周年的员工以及他们的家人。

在不远处，有 3 个男人凝视着热闹的派对场景，刺眼的阳光让他们微微眯起眼睛。这其中，沉稳且颇具绅士风度的是美国人杜安 · 米勒，他已经从 NTCNA 退休，在田纳西州定居，享受着悠然自得的退休生活；脸上挂着一副怀念的表情，亲切地与米勒攀谈的是 20 年前作为第一任社长来到底特律的田沼武；在旁边微笑着倾听两人谈话，不时流露出赞同表情的是田沼的下属，研发业务负责人大久保宣夫（日产汽车原副社长），正是他与米勒一同打造了 NTCNA 的跨国研发体制。

三人都沉浸在久别重逢的喜悦当中，感慨万千地环视着已大幅扩建的 NTCNA 办公楼和周围的景象。他们在 20 年前，也就是研发中心在这片土地上落成之前，就开始为日产北美技术中心的基础建设而奔走。他们从寻找建设地点开始，历经风风雨雨，成为 NTCNA 创业的关键人物。同时，他们也以 NTCNA 为舞台，打造了前所未有的汽车海外研发项目。

那么，日产为什么要在美国设立研发中心并在美国研发汽车？他们又如何发展？下文将开始介绍日产研发工程师们在美国的故事。这个故事可以追溯到 1987 年。

当时的大久保宣夫，从进入公司以来一直致力于汽车底盘的设计，是活跃在汽车研发第一线的技术人员。当时的他，一身朴素的装扮，温和谦逊，完全是一副技术人员的样子。他凭借着坚定的信念和优秀的组织能力，早早就崭露了头角，这些特质也一直伴随着他，从过去到现在都没有改变。1987 年 2 月下旬的一天，担任底盘设计部副部长的大久保，被上司石川康雄叫了过去。

石川对他说“暂时去体验一下实验的工作吧”，同时给了他一份担任底盘实验部副部长的调动通知。汽车研发向来都是设计和实验双轮驱动。自进入日产公司以来，大久保一直从事设计领域的工作，对设计工作十分专一，但他认为，从实验的角度审视自己一直以来的工作，对自己来说会是一笔宝贵的财富，所以他很满意这次调动，欣然接受了公司的决定。只是，大久保在实验部任职的时间只有 23 天。刚开始熟悉新的工作岗位，他就被当时研发部门的负责人园田善三（日产副社长）调去参加与福特共同研发的小型货车项目。

1987 年 2 月开始，大久保和中村由纪（后来的 NTCNA 副社长、NTCE 社长）一同参与了关于建立北美研发中心的项目讨论。虽然已经知道公司正在与福特合作进行项目研发，但对于刚刚经历过调动的大久保来说，这次调动还是让他感到十分紧张。

园田社长在通知他这次调动时说："与福特的合作项目开始后，你自己去美国，建立研发中心，在当地研发小型货车。"

作为北美研发中心项目负责人的田沼武，透露了当时这一略显突然的人事调动的一些内幕。

> 在决定合作研发小型货车之后，福特方面动作之快让人瞠目结舌。随着福特高层的一句"开始干吧"，他们迅速调集了大量有能力的人才，很快就组建了项目组。接着他们向我们表示"日产汽车的各位，我们这边已经准备妥当了"。从福特方面传来的信息，让一边在项目现场做准备工作一边挑选人选的我们慌了神。同时，福特方面调集了如此多的优秀人才也让我们非常吃惊。我们决定必须尽快确定人选，组建项目组。

1983 年，日产汽车发动机设计部副部长田沼武曾被派往美国。在那里，他将日产驻纽约技术人员事务所和密歇根州安娜堡市的日产排气认证事务所合并，建立了日产研究发展中心（Nissan Research & Development, NRD）。田沼会说一口流利的英语，并拥有很强的演讲能力，同时在文学和音乐方面也造诣颇深。在当时，田沼作为日产研发部门中首屈一指的美国通而被大家所熟知，也给人们留下了待人热情的好印象。于是，园田选择田沼作为日产美国研发中心的负责人，并要求他尽快组建项目组。

另外，大久保依然对这突如其来的人事调动心存疑虑。于是，他拜访了担任公司常务董事的田中实。和园田一样，田中也是这个海外研发项目的积极推动者，同时也是大久保十分仰慕的一位前辈。大久保之所以拜访田中，是因为听说是田中力荐自己作为该项目的负责人。当时，田中身体不适，正在家里疗养。大久保明白田中需要休息，自己不宜久留。但对大久保的到来，田中还是十分高兴，坚持从病床上坐起，拉着他谈了两个多小时，为他解释自己做出这个决定的原因。

> 我们可以以此次和福特的合作研发为契机，为公司技术人员的海外研发工作创造好的环境。今后我们的技术人员不能再做井底之蛙。无论成功与否，在美国的工作经历，一定能让他们获得快速成长。我们要为他们搭建一个可以和世界各地的工程师们一起工作、互相学习借鉴的平台。这将是一笔关系日产未来发展的宝贵财富。

大久保从田中平静的语气中感受到了他坚定的决心，并做好了调动的思想准备。而此时才刚刚进入3月下旬，距离他被调入底盘实验部门仅23天。

田中在意识到北美研发中心重要性的同时，也明白从零开始建设并不是一件容易的事情。他迫切需要有能力的人才负责这个项目，于是就有了后来与大久保的那次谈话。在田中的劝说下，打算赴美任职的大久保，在与妻子康子商量后决定只身前往，因为此时正是孩子升学的关键时期。但是，没过多久，康子又提出要跟他一同赴美，而当初正是她坚决主张要留在日本。因此，妻子想法的突然改变让大久保非常惊讶。当时大久保并没有询问原因。后来在一次闲谈中，他才得知妻子突然改变想法的原因。原来，在大久保不在家时，病中的田中曾到大久保家中拜访，并对康子说："我希望你能一同去美国，支持大久保的工作。"

最终，在田中的劝说下，大久保的妻子决定一同赴美。田中知道，大久保等人在美国可能会饱尝辛酸，而这时，家人的陪伴将是对他们莫大的支持。

就这样，日产方面的项目团队成立了。他们最初的办公地点设在东京银座日产总部办公楼的 12 楼。之后，日产将以这个项目团队为班底，成立当地的法人公司日产 CR（NCC）。该公司将成为应对与福特合作项目的窗口。

同年 5 月 13 日，日产公司和福特公司之间签署的关于小型货车共同研发的备忘录正式生效，双方通过媒体公开了该项目的合作。

5 月下旬，日产方面的组织架构基本调整完毕，并在这一年秋天和福特方面基本达成了一致。到了第二年，也就是 1988 年 1 月，双方签订了临时协议。根据这份临时协议，日产方面除了负责整车设计和研发外，还将负责提供发动机（V 型气缸 VGE 发动机）、变速箱以及主要零部件等，这些部件的供应任务将由位于田纳西州的日产美国汽车制造公司（NMMC）承担。福特方面将分担研发资金，除此之外还将供应多种零部件，承担采购和制造任务。也就是说，日产研发的小型货车，将交由福特生产制造，然后双方共同销售（分别为日产贵士和福特水星）。

日产汽车当时的社长是久米丰。久米丰在生产部门工作过很长时间，成为常务董事后，一直贯彻前社长石原的经营战略。久米从很早以前就开始认识到，汽车产业的全球化潮流是大势所趋。他认为即使要冒很大风险，日产的研发部门也应该先于其他公司进军海外。另外，担任研发部门负责人的副社长园田当时也认识到，仅靠日本国内的研发，已经满足不了世界各地日益扩大的市场需求，使日产设计研发部门的总部日产技术中心（NTC）像细胞分裂一样，逐渐扩张，进化出能够世界各地独立设计研发的机能已势在必行。和福特的共同研发项目，与这两位高层的想法不谋而合。日产公司将与福特共同研发的新型小型货车的代号名称定为“CR”，同时也将该项目命名为“CR 项目”。

远渡美国的日本技术人员

日产的研发部门在公司高层园田和田沼的带领下，决定对现有的日产研究发展中心（NRD）进行扩充，以此为基础开展 CR 项目建设。NRD 成立于 1983 年 7 月，是一家美国当地机构。该机构设在密歇根州安阿伯市，主要从事美国汽车技术及法律趋势研究，同时组织开展排气验证实验相关业务，并不具备研发能力。当初创立 NRD 的田沼，再次出任新生后的 NRD 的社长。在其麾下，大久保组织设立了新的研发部门，并成为该部门的负责人。

虽然接收了 NRD 这家机构，并沿用了其组织架构和机构名称，但实际上，园田和田沼一方面需要从零开始创建能够在美国进行独立研发的组织，另一方面还需要兼顾推进与福特合作研发的项目，这在业界是一个前所未有的挑战。

副社长园田的行动明确且迅速。

“把研发部门的中坚力量和年轻精英集合起来。”

就这样，40 多名精英迅速被从研发部门中选拔出来，其中就有现在担任日产研发部门负责人（副社长）的山下光彦。当时的山下才 34 岁，是名一线工程师，也是车身设计方面的骨干。

寒风劲吹的 11 月，包括山下在内的第一批共 10 名成员来到了密歇根州安阿伯市，为机构的设立和 CR 项目的筹备打前站。

1988 年 2 月，CR 项目技术人员的陆续到来，使得位于安阿伯市的 NRD 办公室变得异常拥挤。不得已，他们在附近的普利茅斯设置了一个临时办公场所，并将这些人员转移过去。为了实现久米、园田等人将研发中心向美国扩张的构想，必须建立一个真正的研发中心。因此，日产决定在底特律近郊的法明顿希尔斯市新建一个 NRD 技术中心，承担这一重任。普利茅斯的办公室因为正好处于安阿伯市和法明顿希尔斯市的中间，在技术中心完工之前，这里将继续充当临时办公场所。

到了 3 月，以位于圣迭戈的日产国际设计（Nissan Design International, NDI）为中心，以“Maxima”（西玛，日产以北美为中心销售的轿车）平台为基础，日产推出的 CR 设计方案在日产、福特两公司所签协议的框架内得到了双方的认可，CR 的整体框架变得越来越清晰了。

1988 年 4 月，春意渐浓，普利茅斯临时办公场所内，全部 40 名日本技术人员正式到任。办公室内顿时变得热闹非凡。他们肩负着从零开始的使命，需要迅速建立起新的组织体系。不仅如此，包含家属在内一共 100 多人来到了底特律郊外，仅准备住处就是一项艰巨的工作，而且这些到任的日本人，还需要在这片陌生的土地上为诸如孩子们的上学问题等生活琐事而四处奔波。

更棘手的是，当初选拔派往 NRD 赴任的大都是技术人员，后勤、财务、人力资源等内务办公人员很少。因此，这些人突然发现自己不得不身兼数职，一个人干三个人的工作。首先，他们必须承担在日本时根本不需要自己操心的内务工作；其次，他们还要负责选聘美国工程师，选择零部件制造商和工程管理公司并就合同问题进行磋商；最后，他们还要负责处理与建设法明顿希尔斯设计中心有关的房地产及内务问题。这些都让他们苦不堪言。

大量聘用美国技术人员

在美国成立研发中心，必须尽快启动一项重要工作——聘用美国技术人员。为此，他们决定先从最关键的雇用美方技术人员负责人着手，这是决定整个美国技术人员聘用工作成功与否的关键。

为此，大久保拜访了当时美国日产汽车公司（NMC）人事部门的负责人佐藤胜彦。NMC 总部设在洛杉矶，是日产在美国的销售中心。大久保此行是为了听取佐藤的意见，以便能够找到合适的美方技术团队负责人。佐藤曾在日产研发部门负责人事工作，他还曾于 1980 年赴美参与筹建日产位于田纳西州的工厂（NMMC），包括这次在内，他已经先后两次在美国任职了。所以，他不仅和大久保相识，更比 NRD 的所有人都更加熟悉美国的雇用行情、劳动习惯及当地的人事情况。

大久保想在两到三个月内解决美国技术团队负责人的聘用问题，为此他想听听佐藤的意见。

佐藤对大久保说道：“虽然我比较了解这边的情况，但是两三个月的时间还是太紧张了。如果你想聘到一个合适的人，包括准备期在内，最快也需要半年的时间”。

佐藤还提出了各种各样的建议，包括采取被称为“橱窗式”[①]的美国式人才招募方式。此时，佐藤只是单纯地提出自己的意见和建议。但在那之后不久，他被告知要调往NRD，亲身参与这项尚处于起步阶段的事业。当然，那时的佐藤还不知道这件事情。

虽然招聘工作被佐藤指出公司对招聘的时间预期过于乐观，但实际操作起来却非常顺利。当然，这有很大的运气成分。当时，德国大众汽车的美国分公司正好从北美撤出，公司的研发部门也随之解散，一时间大量经验丰富的美国研发工程师失去了工作，他们中的很多人都来到日产应聘，这也使得佐藤顾虑的问题迎刃而解。

最终，被聘为NRD美国技术团队负责人的是来自通用汽车公司的杜安·米勒。米勒是一名温文尔雅的绅士，当时他已经57岁，比日方技术负责人大久保大了一旬有余。此前，米勒是大众汽车美国研发部门的负责人，并且在德国大众汽车总部工作过，是一名不可多得的、拥有在不同的企业文化中从事设计工作的经历，且能够发挥领导才能的人选。他并不是那种以美国人特有的强势和管理手腕来进行领导的人，而是极具人格魅力、靠温和的态度凝聚人心。此外，在接受大久保面试的过程中，他对日产所要面对的挑战和汽车制造表现出了浓厚的兴趣。

大久保十分尊敬年长自己12岁的米勒，并亲切地称呼他为“自家大叔”。在NRD中，米勒不仅受到美国工程师的喜爱，也得到了日本技术人员的信任。深受双方信赖的他，在NRD是联结美国和日本工程师的桥梁。

---

① 在商店、餐厅等的橱窗上张贴招聘告示。——译者注

随着米勒作为美方技术团队负责人加入NRD，当地工程师的招聘工作也迅速步入正轨，年轻的日本技术人员们也亲自参与到了面试工作中。

这些与日本人成长经历、工作作风和职业价值观都截然不同的美国工程师们逐渐加入了NRD，并且人数在不断增加。就这样，40名日本技术人员，以及最初录用的约1000名美国工程师投入到了NRD的研发业务中。在这之后，美国技术人员的数量持续增加。到了1988年年底，NRD的从业人员已经增加至3000人。

形似神非的日本和美国设计方式

NRD的有序运转，宣告日本汽车产业首次日美联合研发项目正式启动。对首次合作的双方来说，语言的差异自不必说，价值观、工作风格甚至技术标准等工程师职业相关的重要内容都不尽相同。项目到底能不能顺利进行下去？大家都充满了顾虑。

很不幸，他们的顾虑大都变成了现实。各种各样意想不到的问题迅速地冒了出来。

当时，日产在推进CR项目时，曾考虑充分发挥美国工程技术公司的作用。因为在1985—1987年，美国三所大型汽车设计研发部门的设计业务大部分都是外包的，所以彼时底特律周边兴起了各种各样的与汽车相关的工程公司。在当时的日本人看来，美国就好像是工程公司在制造汽车。

CR项目要想成功实施，最稳妥的做法是交由一支知根知底的、以日产派遣工程师为中心的团队推进。但是，当时日产并没有把大量的工程师投入CR项目中。因此，项目团队想以少数日本工程师为基础，充分利用当地的工程公司和工程师渡过难关。对于这种做法，赴美前的日本工程师们大都保持着乐观的心态。

但是很快，这种乐观就被现实击得粉碎。备受工程师们期待的当地工程公司，其实际能力根本满足不了汽车设计的要求，这些公司由一些只是略懂汽车设计基础知识、掌握 CAD 制图技巧的普通技术人员组成。这样的公司根本难以胜任 CR 项目的汽车设计工作。出现这种“误解”的原因是日美两国技术人员的工作方式不同。日本的设计技术人员会在充分考虑零部件各项要素的基础上，亲自设计图纸。同时，他们也会为了生产的便利性考虑，亲自运用 CAD 软件绘制图纸。山下及其他日本技术人员一开始认为这些都是设计人员应该做的。但在美国却并非如此。美国的研发技术人员被细分为工程师、设计师、制图师等。在日本一个人做的事情，到了美国会被交由不同工种分工协作。对美国的汽车制造公司来说，外包给其他工程公司的并不是核心的研发、设计工作，只是绘图等与设计相关的附属业务。

NRD 被迫紧急调整了工作方针。他们扩大了对美国工程师的录用规模，打算以美国工程师为主体推进 CR 项目的建设。但是，比工程公司的实际情况更令人头疼的现实是，在新录用的美国技术人员身上，也存在着同样的问题。

美国工程师们以往所从事的工作领域划分得比日本方面细致得多。虽然招进来的都是有经验的研发工程师，但他们所积累的经验、能力、视野完全不同。当他们被委以重任，在更广泛的领域开展工作时，这些就成了他们自如地融入日产工作方式的最大障碍。

在 CR 项目中负责生产技术的加藤规康亲身经历过那场不同文化的碰撞。

> 有一位美国技术人员说他在通用汽车公司做了30年的车体设计工作，于是我详细地询问了他的职业经历。然后，他很自豪地说自己的整个职业生涯是专注于螺栓标准化的30年。当时的我们无法想象，一个连面板图都不会画的工程师，也能被称为资深车身设计工程师。

这些美国技术人员所负责的领域要比日本技术人员小得多，他们有着更为细致的责任和权限划分，在相对小的领域内完成专业经验积累。但是，这在要承担更为广泛的工作任务的日本职场是行不通的。实际上，美国工程师们刚开始在NRD工作时，对这种差异也感到吃惊。“在美国，十个人负责一个零件是理所当然的事，日产却是一个人负责十个零件。”这不是生产率高低的问题，而是工作方法的问题。但是，在将工作方法差异巨大的日美工程师集中在一起的情况下，这很快就会转变为影响组织生产率的问题。

负责生产技术的加藤在回顾NRD刚刚起步的状态时曾有如下表述。

> 日本负责零件设计的工程师会使用CAD软件制图，也会通过讨论零部件的冲突问题来决定零部件的构造。然而，为了照顾美国技术人员的工作方式，NRD不得不做出改变，设计工作必须要由设计工程师、设计师、CAD制图师等至少三个层次的团队负责。因此，如果你想了解一个问题，有时也许需要一周的时间才能得到答案。另外，有时候为了研究讨论一些关于加工的成形性或是零件的匹配性问题，我们不得不召集好几个领域的设计人员来开会。

加藤认为，虽然自己和NTC的研发技术人员们共同协作，参与了很多汽车项目的研发，但如此棘手的问题还是第一次遇到。不管怎样，他们必须想方设法将项目推进下去。当然，NRD 无法采用与日本 NTC 完全相同的业务模式。他们必须反复试验才能找到适合自己的独特体制和工作方式。首先，要让美国技术人员理解日产式的研发方式。与此同时，日本技术人员也要着手理解美国式的研发方式。

例如，虽然同样被称为设计工作，但对于其中具体包括哪些工作，日本技术人员和美国技术人员的认识则完全不同。因此，首先要做的就是对每一项工作的内容进行定义。另外，日本技术人员认为理所当然的事情，在美国却并不能通用。这也让他们意识到，在共享隐性知识的同时，依靠彼此之间的默契和心照不宣进行合作，在这里是相当难的一件事情。就这样，双方在不断磨合过程中推动着此次合作之旅。

日本技术人员在让美国技术人员理解日产式研发方法的过程中，才发现自己过去是多么依赖那些“不言而喻”的隐性知识，一直以来他们都没有意识到这一点。现在，他们需要把这些隐性知识从脑海深处提取出来并将其形式化。另外，当他们真正地对这些隐性知识进行解释的时候，才发现有时候自己认为是大家都心知肚明的事情，其实对方并不清楚，而且即使是本应该相互理解的日本人之间，对某些知识也存在不同的理解。

大家对那些迄今为止日本人之间认为是心照不宣的常识进行了仔细梳理，并将其转化成容易理解的语言表达出来，甚至通过实际演示使美国的技术人员能够充分理解。如果还不能让对方理解，他们会努力寻找新的方法，比如融入一些美国的知识，以便美国技术人员更好地理解。另外，他们会耐心地向美方技术人员讲解跳出狭窄的专业领域，学习新领域的知识和技术的重要性，并切实为他们提供学习的机会。通过耐心付出和不懈努力，大家克服了一个又一个困难，最终就进行最基本沟通交流的重要性达成了共识。

像山下这样的年轻工程师们率先做出表率，在工作现场开始了充分交流。

> 我的工作有一半时间是对着图纸与美国技术人员进行一对一的交流。我的英语虽然依然很糟糕，但也日渐熟练和流利。随着交流次数的增加，大家相互之间的距离正在拉近，态度也慢慢发生了变化。这样的变化让我内心充盈着满足感。

但是，通过这样的交流方式进行磨合，需要大家拿出对待刚参加工作的新人那样的忍耐力。毕竟以前一个人就可以做完的工作，现在交由两个人来做，虽然花了相同的时间但结果却毫无进展，这种情况会让人感到沮丧。为此，大家不得不等到天黑之后才开始着手处理属于自己的业务工作。寂静的办公室里，日本员工加班到深夜已成常态。

谁最了解美国

日产公司之所以积极推行海外研发，是因为如果能将研发中心扩展到日本以外的地方，就能够创造出一个直接接触并直观了解世界市场的研发环境，那么必然会大幅提升日产的研发能力。这些研发中心并不是以日本人为中心运营的，而是在探索一种平等地吸收当地工程师参与研发的模式。虽然采用这种模式需要花费一些时间进行磨合，但大家都认为这是值得的。

但是，另外，为了完成CR项目这一紧迫课题，采用以日本人为主导的组织会更有效率，优势也十分明显。尽管如此，在这种情况下，日产内部有人还是坚持“理想论”和“原则论”，现场遇到问题了再想方设法解决。这几乎是日产的一个特点，就是既描绘出宏伟的理想蓝图，又尊重现实对理想进行微调，并最终取得两者之间的平衡。

谈到 NRD 组织的建立，大久保曾不无感慨。

> 当时的日产，可能并没有打算让日本技术人员负责海外研发中心的全部工作。因为当时 NTC 必须做的工作堆积如山，抽不出足够的人手应对。当时，从我的立场来看，如果 NTC 的日本工程师们能有余力大举支援，我肯定会请求他们帮忙。但是没有如果。于是，我们只能和美国技术人员“友好相处”，这也是形势使然。

在实现这种“友好相处”的过程中，相比于那些 3 ～ 5 年轮换一次的日本外派人员，这些会一直在 NRD 长期工作的美国人员无疑占据了主导地位，所以如何充分利用他们的特点就显得十分重要。按大久保的话来说，“在这里，日本人就像租客一样”。但是，日产式的设计思维和程序是一种体量庞大的知识积累，要使美国技术人员完全理解并非一朝一夕之功。无论如何，大家能做的也只能是将这些隐性知识传授给他们，由他们自己揣摩体会并加以扩展应用。因此，当前十分要紧的是如何调动美国技术人员的积极性，并吸引他们在 NRD 长期工作。“要想方设法与美国技术人员搞好关系”，这是大久保从长远考虑提出的处理原则。

而 NRD 也一直忠实地执行了这项原则。被田沼和大久保从洛杉矶调来底特律担任人事工作负责人的佐藤曾有如下表述。

日本人占据了公司中最重要的岗位，或者表面上将一些重要职位给了美国人，却在背后把持着大权，这样的一些做法实在欠妥。虽然当初让美国人学习日产的做法是十分必要的，但我们也要创造良好的环境，让美国人体会到主人公的感觉。为此，有时我们也会出现一些看似不合理的事情。比如从技术能力上来看，应该是日本工程师当负责人，却还是要把职位让给刚聘用的美国工程师，而让日本工程师担任他的部下。在 NRD 内部，这种思维方式逐渐被作为一种管理定式保留了下来。

“不管日本工程师和美国工程师之间存在多少差异，他们关于制造一辆好车的想法是一致的。虽然表面看来差异很大，但作为工程师的本质并没有什么不同”，大久保刚刚上任时就察觉到了这一点。

大久保还说道：“老实说，我们的工程师对是美国人身居高位还是日本人身居高位这样的事情毫不在意。”

“怎么建立一种管理美国技术人员的机制呢？当然是日本人做经理，让美国人做下属”，对于这种组织形式，我们连考虑的心情都没有，甚至都不曾讨论。

作为一名技术人员，大久保的思维方式十分单纯。他尊重美国的汽车文化，也尊重美国人。

说实话，在类似一望无际的麦田这样的美景中驾驶一辆美国汽车，要比开一辆日本研发制造的日产车舒适很多。从这个角度来说，汽车的设计研发还是要基于当地的风土人情。我们认为，既然煞费苦心地建立了一个在美国当地研发并销售汽车的体系，那么应该交由最了解这片土地的人来做的事情就要果断交出去，我们要做的事情就是虚心学习。

包括米勒在内的美国工程师们很清晰地感受到了大久保他们对自己的尊重，再加上他们也很愿意学习日产的工作方式，因此，双方的感情距离很快就被拉近了，双方再无隔阂。当然这其中还有一个伏笔，那就是当初招聘时有一项很明确的录用标准。NRD 在面试时会重点关注对方是否对日产的工作方式感兴趣，并会优先录用有相互理解基础的优秀人才。另外，当初米勒最先被选中成为美方技术人员的负责人，也是得益于他拥有在美国和德国这种不同文化背景国家的汽车公司工作的经历，这使他有应对文化差异的经验，并有助于他加深对文化差异的理解。以此为基础，双方都拥有了互相尊重、欣赏并学习对方优点的意识。经过 20 年的传承和发展，现在这已经成了 NRD 的一种组织文化和价值观。

另外，日本技术人员和美国技术人员在面对 CR 项目这个难题时同甘共苦的表现，也大大巩固了双方之间的关系。因为难关当前，双方必须放下不同的意见，齐心协力，不可能在这时内讧。日本派来的技术人员负有代表日产的责任，而美方技术人员则起着连接日产公司和福特公司的桥梁作用。一起克服困难的经历使双方加深了理解，也萌生了伙伴意识。艰苦的环境反而使双方对彼此的文化更加尊重。

是打棒球还是踢足球

通过大久保的互相尊重原则，以及艰苦环境激发出的团队精神，在 NRD 成立初期，日美双方技术人员就已经明确意识到，如果不能相互理解、相互学习，事情就不会取得任何进展。

山下在谈起自己从美国技术人员身上学到的东西时说：“在美国，无论是企业还是在那里工作的个人，都很注重形式化和程序化，他们会以一目了然的形式明确组织中每个人的工作任务，我认为这是日本人应该学习的地方。”

美国的工作风格就像是打棒球，每个人都有明确的范围和作用。右外野手必要时可能会帮助中外野协防，但却绝不会进入左外野接高飞球。他们会将角色和职责明确分解到每个人，每个人对自己防守的区域负责，最终井然有序并有组织地完成整个团队的任务。这种棒球式的比赛就是典型的美国风格。

另外，将各种各样的工作和任务进行细分，对每项工作或任务的步骤和要点加以整理，制作成每个人都能理解的标准化的形式，这就是形式化，也就是彻底的手册化。这种知识的形式化，以及很多职业和工作的细分化、单纯化，使得工作的范围、顺序、方法变得十分明确。只要具备一定的工作能力和素养，即使换一个人也能马上适应并投入工作。可以说，这是一种非常合理的工作方式，能够轻松处理各种问题。这正是这种工作方式的优势所在。

另外，在日本公司中，很多人的工作范围和职责往往十分复杂，你甚至很难定义他到底是从事哪方面的工作。这一点在日产的研发部门也有所体现。如果美国式工作风格是打棒球，那么日本式工作风格就像踢足球。虽然确定了每个人的位置和职责，但却可能在球场的任何位置看到某位球员。这是一种分工模糊，主要运用“洞察力”将每个人联系在一起的工作方式。根据球场上的情况，防守球员也可能冲到禁区破门得分。通过敏锐的观察，灵活运用自己的智慧，适时地进入别人的领域，做一些超出自己职责范围的事情，这就是日本式的工作风格。

由于职责范围和责任划分没有明确的界限，日本工作人员的领域意识相对薄弱。这种工作方式虽然存在责任不明、成果归属模糊等缺点，却使得在团队合作过程中，成员彼此能更容易地掌握对方工作的内容和进展。借用山下的一句话就是这种工作方式擅长使“队伍团结在一起，配合默契地开展工作”。同时，采用这种方式可以大幅提高工作效率，并发挥意想不到的力量。同棒球比赛相比，足球比赛更加注重团队协作。

另外，在程序化方面，日本企业做得不如美国企业。因为职责范围模糊不清，所以采用程序化方式的根基并不牢固。此外，日本式的组织，主要通过员工个人在同一组织内长期工作和学习来积累工作所需的经验和智慧，对程序化的需求并不强烈。

> 我不觉得日本式的工作风格是完美的。我认为在个人能力非常强、灵活性较好的情况下，日本式的做法是行得通的。但是，要想每个人都具备这样的能力是不可能的。我们在美国搭建的研发体系，需要一种通用的工作方式。首先必须做好准备，找准方向，制定框架并依此选择和分配人才。我们从美国人那里学到了这种做法。另外，他们也很灵活地理解并逐渐接受了日本式工作方法的优点。

就这样，为了“设计制造一辆好车”的统一目标，NRD 内部迅速建立了互相取长补短的合作关系。虽然规模还不大，但 NRD 已经逐渐成长为一个统一而机敏的组织。

将英语作为统一的交流语言

话虽如此，但也不能丢弃日产公司的优良风格，需要让美国技术人员了解“日产是什么”“日产汽车是什么”。不过，即使在这件事情上，日方也表现得非常谦虚。

在山下看来“这些东西必须由我们来教给他们。因此，在来到NRD之后，我们也被问到了‘日产是什么’‘日产汽车是什么’之类的问题，如果我们搞不明白，就不能去教美国人”。

也就是说，在隐性知识形式化的过程中，一些想法和理解将接受拷问。把隐性知识转换为显性知识这件事情，提供了一个机会，对于那些心照不宣的常识和理所当然的事情，我们可以借机重新拷问自己“为什么这是常识”。

1989年赴NRD担任顾问一职的今井英二（之后担任日产常务执行董事）说：“虽然日本技术人员缺乏对日产之道进行解释说明的能力，但是我也深感与产品制造相关的日产之道本身的定义就不是十分清晰。”其中，最重要的是对业务的定义。日本人没有追求对业务进行精确定义的习惯，所以对这方面的工作也没有上心，这与美国人的做法形成了鲜明对比。

一些日本人表示“对职责分工进行过多的定义会带来各种负面影响，日本式的任务划分模糊处理也有好处”，今井也对这种争论进行了反驳。

> 问题的重点本来就不是在角色的争夺和边界调整上。与之相比，如何把各自分担的业务学透、做好才是更重要的。过于在意边界的调整，可能会忽略原本应该追求的深度。从这个意义上来说，学习能够

自觉分担各自职责的欧美式的组织体制是很有必要的。

这种认识现在已成了到NRD赴任的日本技术人员的共识。

NRD早期的另一个重要决定也是促使美日联合团队能够顺畅运转的原因。这个决定是NRD刚成立不久时由大久保做出的，那就是“将英语作为内部统一的交流语言”。

根据大久保的说法，当时能够使用英语自由对话的除了有留学经验的山下以外仅有寥寥数人，包括大久保自己在内的大部分日本人，英语水平都不高，碰到复杂的对话还需要借助翻译才能进行。在日本，技术用语有时也会使用英文，大家只有借用这些自己掌握的单词，辅以手势和肢体语言，才能勉强进行交流。

在这种情况下，NRD做出了以英语作为统一交流语言的决定，让公司内的日本技术人员深感震惊。

如你所知，我的英语能力也很差，但是，既然好不容易来到了美国，就让我们在回日本之前学会一口引以为傲的、流利的英语吧。

在大久保做了如上演讲后的很长一段时间里，公司都会从外边聘请英语会话方面的老师，每天早上7点开始给大家进行英语会话特训，之后再开始每天的日常工作。

虽然这个过程非常艰苦，但是因为学习的东西能够马上用在工作上，所以我的英语进步很快，包括学生时代在内，我曾经好几次尝试提升自己的英语水平，但收效都没有如此明显。

和大久保一样，NRD 的其他日本技术人员也开始在工作中努力学习英语。没过多久，NRD 内部就出现了一位在 TOEIC① 考试中取得 900 分成绩的牛人。

语言上的差异是沟通的最大障碍，将英语作为统一交流语言的决定无疑是解决这个问题的捷径。与此同时，在学习英语的同时，大家也学习到了美国的工作方法。

产品部门首席专家大泽辰夫说道："议案的解释也变得顺利了。更重要的是，掌握了能让对方彻底明白自己想法的讲解技巧。在日本，只要简单一提自己的想法，对方就都明白，所以也就没有意识到解释议案的必要性。现在置身于这样一个环境中，如果不做好这一点，就无法开展工作，所以逼得大家不得不去学习这些技巧。"

当日本人开始向美国人虚心学习的时候，美国的工程师们也自然而然地给予了友善的回应，双方因此形成了互相信赖的关系，部门内的气氛也变得融洽。对 NRD 这一从事研发这种知识性、概念性工作的组织来说，这成了其发展壮大的基础。

① Test of English for International Communication，托业考试，是针对在国际工作环境中使用英语交流的人们而指定的英语能力测评考试，由美国教育考试服务中心设计。最高 990 分，805 ～ 990 为优秀。——译者注

第二章

跨越文化差异

批准图方式与零件图方式之争

CR 项目是一个非常规项目，无经验可循。NRD 要在美国进行研发工作，需要在短时间内处理好很多以往没有出现过的问题。这些问题包括日产和福特的研发体制和项目推进方式的不同，零件制造厂和工程公司关系的不同，以及文化和价值观的不同等。

对汽车研发制造来说，从商品企划、设计、研发到生产，每个环节都需要各部门的紧密合作才能进行。研发部门和生产部门的协调合作水平能够直接影响性能和 QCD（品质、成本、交货期）等多种要素。在 CR 项目中，研发工序和制造工序的衔接问题并不是只要日产和福特之间努力达成协议就可以解决的，还需要两家公司汽车制造文化和风格的深度融合。

首先，福特的相关人员就对“批准图”这种日产的研发方式表示无法理解。

> “对日产的‘批准图’研发方式，我最不能理解的一点就是责任不明。完全不知道在这里边每个人要负责什么。”这是福特方面看到日产式研发方式的第一反应。然后，他们提出“这是在美国，采用福特式的研发方式不是理所当然的吗？”

所谓批准图方式，大致来说，是一种从研发阶段就开始与零件制造商合作，共同推进零部件的研发和制造的研发方式。在研发新的汽车时，日产的研发部门首先要根据车的性能要求整理汇总对零件的工艺要求，并以此为基础，与零件制造商共同研发，反复进行试制和实验。在确定可以满足设计要求后，零件制造商会提交零件设计图，交由日产公司进行批准。日产将最后的批准称为“设计安排”。零部件制造商在零部件的制造和供给方面，从汽车公司的项目研发初期就开始参与，与汽车公司的研发部门一起进行零部件的共同研发。通过促进汽车公司与零件制造商之间的深度合作和隐性知识的共享，可以构建一种快速磨合型的研发机制。

与之相对的是，在美国，当时一般的做法被称为“零件图方式”。这种方式以汽车制造商承担设计责任为前提，包括福特在内的美国汽车公司会将其制作的图纸提供给零部件制造商，要求零件制造商按照设计图生产零部件。零部件制造商根据汽车公司提供的设计要求和图纸专门负责生产零部件。另外，对一些特别需要高级技术和品质的零部件，汽车公司一般会交由本公司内的零部件制造部门负责，零部件的内部生产率接近 70%。当时，除通用零部件以外，福特公司大部分的重要部件都是自己生产制造的。

CR 公司是日产方面为了和福特合作而设立的，负责在整个项目推进过程中与福特的协调工作，当时担任公司总经理的占部吉真（后为日产董事）讲述了以下这个小故事。

> 有很多事情令福特方面难以理解。例如，福特方面没有采用批准图的方式，而是强烈要求沿用福特的采购政策，实施福特式的 SQI（Supplier Quality Improvement）[①] 活动。
>
> SQI 活动的目的是在零部件图纸中标明 SQR（Supplier Quality Requirements）[②]，包括 CC（Critical Characteristics）[③] 和 SC（Significant

① 意为供应商质量改进。——译者注

② 意为公差，是供应商质量要求的一种。——译者注

③ 意为政府法规和安全特性。在汽车零部件生产中，CC 是指关键特性，也就是符合法律法规的和对安全性能有显著影响的特性。——译者注

Characteristics）[①]等。这是福特方面独自制定的一项政策，目的是使与之合作的供应商的工程制造能力达到一定标准，通过在订购图纸上写明 CC、SC 的公差（零件制造精度的容许范围），管理订购零件的精度和品质。但是，日产没有在图纸上写明公差的规则和习惯。这是福特方面指出的问题。

另外，福特的研发部门设有专职的 SQI 团队。他们负责根据 SQI 的规则，以图纸为基础，对所订购的零件进行检查和管理。在合作中负责零部件订购的福特公司工作人员在 CR 项目中也设置了 SQI 小组，他们提出"日产的图纸上没有公差，无法开展工作，希望能够尽快改善"的要求。他们认为，在与零件制造商的交易过程中发生纠纷的时候，根据设计图纸上的公差标注，可以明确责任归属。另外，接受订单的零部件制造商进行品质管理的一大前提是，以图纸上标明的公差为基础进行零部件的制造。

顺带一提，日产公司并不是不重视公差。因为在批准图方式中，在确定最终的设计图纸之前，已经将公差缩小到极限后融合到图纸中了。另外，日产还有 NES（Nissan Engineering Standard）[②]这部图纸设计方面的"圣经"，其中详细记载了图纸设计过程中应遵守的精度和品质的基准及规则。而且与日产频繁交易，建立长期合作关系的零部件制造商们，对 NES 记载的内容都已经倒背如流。

日产方面的相关人员在和福特的沟通过程中，了解到了双方在研发部

① 意为重要特性，是对公差配合，性能有重大影响的、严重影响顾客满意度的特性。——译者注

② 意为日产工程标准。——译者注

门、生产技术部门和生产部门的责任划分方面存在差异，和零部件制造商的关系也不相同。这些差异甚至涉及设计图的标注规则。对此，他们感到十分惊讶。

对于主张以日本的方式推进项目研发的NRD，NCC的相关人员回应说："这里不是日本。既然在美国研发，遵循美国的工作方式才是合理的。"日产内部对此产生了意见分歧。NRD方面担心SQI的引入会给研发现场带来很大的混乱，极有可能导致研发日程延期和成本增加。话虽如此，但NCC毕竟是日产的，他们知道SQI的引入会加重负担。事实上，在与福特的谈判中，NCC方面开始时的主张与NRD是相同的。但是，既然零部件采购是由福特方面负责的，而且作为供货方的零部件制造商中包含很多与福特有贸易关系的美国企业，那么拘泥于采用日产的方式就不现实了。最终，日产还是入乡随俗，在生产技术部门的支持下，引入了福特的图纸设计规则。

零件编号体系之争

除此之外，在项目初期阶段发现的另一个大问题是两家公司的零件编号体系不同。福特方面既然负责生产，就要求选择福特的零件编号体系。而由于设计是基于零件编号进行的，不能使用日产的零件编号体系，对日产方面来说，无论是在设计还是试制方面都会面临不小的麻烦。

> 福特方面坚持采用福特式编号体系，他们认为这是项目取得成功的必要条件。另外，我们的一贯立场是，既然由日产负责设计，就应该使用日产的编号体系。

说上面这段话的是间濑俊明（现任数字处理部社长）。他当时是一名日产的技术人员，负责 CAD/CAM/CAE 和零件安排体系等工作，并领导研发部门的 IT 基础设施建设。在研发基础设施方面，技术人员们也面临着与福特的体系之争。

间濑等人在安排 CAD/CAM 工作的同时，还致力于 BOM（零件清单）的数字化。福特方面因为生产工作是由自己负责的，所以强烈要求使用福特的 CAD 和零件编号。但是，如果接受了这个要求，作为日产研发信息基础的工艺要求信息管理系统就无法继续使用。因此，间濑等人主张使用日产的零件编号体系，不想做出让步。对此，日产内部也出现了不同的声音，他们指出“其他没有解决的问题已堆积如山，希望不要再和福特方面发生争执了”，但相当于一部分人始终坚持使用日产的零件编号体系。

间濑说：“这不仅仅是意气用事的问题。”

由于采用了日产的信息系统，上游（设计）方的信息格式是无法做出改变的。与其这样，倒不如由下游（生产）方将其进行转换，或是根据上游方的信息格式灵活应对。只有这样做才能避免混乱，推动工作顺利开展。这被间濑称为“数据源主义”。他一直主张，在研发工作中能够保证由设计方进行数据安排，对于贯彻设计思想这一核心问题来说是非常重要的。最终，福特方面采纳了日产方面的零件编号方式，双方在这一点上终于达成了一致。福特方面将对日产方面的数据进行转换或灵活运用。

不同的公司合作进行汽车的研发和制造时，由于各自的文化、传统、隐性知识和价值观等存在各种各样的差异，在合作过程中就会产生很多分歧。但正是通过这样的相互碰撞，双方才能各自反思那些以前认为是理所当然的事情，找出不同，达成一致。也正是在这个过程中，大家才逐渐认识到，对双方来说什么是最重要的。这些冲突正是双方合作初期，加深了解和进行知识共创过程的重要手段。

是否同步：与生产技术人员的合作

对福特方面来说，上游研发设计部门与下游制造部门之间的关系十分明确。双方各自独立性很强，权限和责任都很清晰。而且，研发部门的权限要比下游的生产技术部门和制造部门大得多。他们做出如此安排，是基于“如果提高上游研发部门的作用和权限，进而提高他们研发和设计的精度，下游工程部门的负担必然会减小”的想法。在权限、作用、责任相对明确的欧美型组织中，为了提高设计的完成度，将权限和话语权集中在上游，从而保证下游的制造工序中不出现问题的做法也必然导致其研发部门相对庞大。

另外，在日本，不管是对日产还是其他的日本汽车制造商而言，生产技术部门与研发部门的权限几乎是对等的，生产技术部门的技术人员从研发初期就开始介入，与研发部门的技术人员密切协作，几乎融为一体。在研发设计阶段就综合考虑加工和装配的质量与生产率等要素，这是一种日本式的前瞻性设计方式。负责下游工程的生产技术人员追溯到上游，与研发技术人员一起进行研发，从而减少后续工程（生产）中的争议和问题。这就是被称为“同步式管理”（Simultaneous Engineering）的日本式研发方式。

后来担任 NRD 研发部门负责人的今井表示：“如果能够巧妙地管理和协调研发与生产两者的关系，并使之形成良性循环，就能使工程能力和公差相匹配，从而更有效率地制造出更高质量的产品。这是同步式管理的成果。”

他也提道：“在进行研发和设计时，必须考虑到工程能力。另外，在设计和研发过程中将公差控制在合理范围内，则必须依赖制造工艺等生产技术。研发和生产技术在这个意义上来说是相互依存的关系。”

严格来说，制作出的物品不可能完全和图纸一致。制造阶段一定会出现偏差。偏差的大小是由制造工艺（加工和组装的方法）和材料决定的。实际制造过程中能够将偏差控制到何种程度，就是专业中所谓的“工程能力”。对研发工作来说，最好在设计时就根据工程能力来增加偏差。但是，当偏差大到一定范围时，制作出的产品就无法发挥出设计性能，这就是“公差”。

也就是说，如何平衡“工程能力”和“公差”是研发技术的一个焦点问题。从这个意义上来说，熟知加工和组装工序的生产技术人员所带来的信息和智慧，对于研发技术人员来说是非常宝贵的。今井所说的研发和生产技术是相互依存的关系正是此意。

为了解决这种平衡问题，日产公司内部采用的方式是“工厂设计联络会”，日产公司内部将之简称为“工联”。通过工联，研发部门和生产技术部门的工程师们开始了信息交流。在新车研发项目中，生产技术部门的工程师队伍会常驻研发和设计部门，这一模式也逐渐固定了下来。在20世纪80年代，这种模式被冠以“同步式管理”之名，再次引起了人们的关注。

CR项目组于1988年5月在普利茅斯的NRD办公室成立了他们的第一个工联。以生产技术部门的加藤规康、久米泰介等为首的工程师们从日本出差而来，并在普利茅斯停留了一周的多时间。在此期间，他们开始与

NRD 的设计技术人员以及成为供货方的美国零部件制造商们，就车身和零部件的构造问题进行讨论。在 NRD，工联以一周为周期开展工作。设计图阶段，同时兼顾设计和生产的同步式管理模式终于启用了。

但是，无论是 NRD 的美国工程师，还是零部件制造商的技术人员，对日产的同步式管理都完全不熟悉。他们不明白为何生产技术人员从研发的早期阶段就要参与进来。因此，要使研发技术人员和生产技术人员能够密切合作，必须从根源上做起，教授他们什么是日产式设计方式。

在工联成立后两个月左右时，NRD 的技术人员们终于可以和零件制造商们基于生产要求进行有关零部件结构的讨论了。而 3 个月之后，零件制造商们已经开始积极主动地与生产技术小组对接，他们的学习热情很高。

日产的研发技术人员有着丰富的与生产技术人员交流的经验，与美国的研发技术人员相比，他们理所当然地掌握了更多关于生产条件和生产技术方面的知识。用 NRD 美方技术人员的话来说，日产的研发技术人员都很厉害，“比如，当被美方技术人员问到这里是不是应该用 3R 加工时，日方技术人员能立刻回答最好都用 5R。这让美方感到十分诧异，在他们看来，产品都还没有研发出来，为什么他们就能确定一定是这样的？这在美国的实际研发过程中是无法想象的”。

然后，1988 年 9 月，在丰口央的带领下，负责工厂建设和能源供应、车身技术、涂饰技术、组装技术以及生产管理的技术人员们，作为 CR 项目的生产技术团队终于长期入驻 NRD 的办公室，并开始致力于 CR 项目的研发。也就是从这时起，生产技术团队开始参与 CR 项目福特生产工厂的选定工作。

但是，问题又出现了。福特方面的相关人员还是不能理解日产的同步式管理模式。不仅如此，他们在潜意识里还是认为生产技术人员的定位要比设计技术人员低得多。

> 特别是在最初的一个月里，研发技术人员给人的印象就是他们根本不听我们生产技术团队的意见。即使我们将生产条件反馈给研发技术人员，也起不到任何作用。毕竟美国和日本的研发流程是完全不同的。

深感诧异的丰口和加藤等生产技术团队的成员，不得不从头解释同步式管理模式以及日产公司研发与生产相互配合的设计风格。最终，福特的相关人员花了两三个月的时间，逐步理解了同步式管理模式，也了解了生产技术人员在日本完全不同的定位，并逐步接受了来自日本的生产技术人员。然后，他们给工联起了一个英语名字：Kohren。

研发部门的海外发展，不仅限于美国。在欧洲，生产技术人员和研发技术人员们也“展开了合作”。如果没有他们的存在，就无法解开日本和海外之间研发与生产关系的差异这一难题，也就不可能建立今天的海外技术中心体系。

CR 项目的危机

类似上面所讲的五花八门的问题不断出现，令创立初期的 NRD 有点手忙脚乱。

大家都知道在美国进行汽车研发不会像在日本那样顺利。田沼说：“我们本来计划制定预算，但缺乏足够的进行详细估算的材料。最后，我们花了3倍的时间制定出了一个超出正常3倍的预算，结果却瞬间花光。”

在美国当地研发和采购零部件的工作依然困难重重。福特方面坚持以使用美国零部件为合作前提，双方的争论仍在继续。和日本国内相比，零部件的试制费用高昂许多，加上日本技术人员的不断加入和大量雇用美国工程师等，这些花销叠加在一起，实际支出很快就超出了预算。成本的飞速增长，使1989年的CR项目面临巨大的挑战。

当时，日产的设计管理部部长藤井隆接到了副社长园田的指示，前去NRD帮忙。园田对项目的未来忧心忡忡。他表示虽然这是一条需要勇往直前的通往理想之路，但根据实际情况，也必须要有彻底改革体制的觉悟。陪同藤井一起前去NRD的是设计管理部副部长石田繁夫（后担任日产常务执行董事）。石田说：“当时日产的高层非常关注NRD的运作不畅和高额赤字。”

虽然日产深知NRD的汽车研发不可能像NTC那样进展顺利，但是NRD状况的恶化远超预期。如前所述，导致这种情况的主要原因是在NRD本身的组织体制和与福特的协作机制尚未完全理顺的情况下，项目研发工作却提前进入正轨。此外，与福特的合作研发机制也导致工作流程比当初预想的更为繁杂，这些都对项目进展产生了很大的影响，成了研发效率低下、工时和成本上升的主要原因。与日产单独研发相比，合作研发需要注意的事项更多，而且必须在得到福特方面确认和同意的情况下才能进行。这也成为成本大幅度超支的部分原因。

石田在赴美之前，曾经电话联系大久保。

石田说道：“您那边好像在苦战。最近我和藤井先生会去您那边拜访。”

“就算你们来了，也没什么用。交给我就行了。”大久保在电话里回答道。

尽管如此，藤井和石田还是表示“总之我们先过去看看”，而后不久便来到NRD拜访了大久保。和电话里的战意满满相反，现实中的大久保虽然笑着迎接了藤井和石田，但是笑容里充满了疲惫。藤井和石田在了解了NRD的情况后发现，虽然NRD不间断地雇用了大批美国工程师，却缺乏有效的管理手段。不管是对美国工程师的教导工作，还是业务上的细节琐事，全都压在了大久保身上。

“由于园田先生的积极斡旋，日产的优秀工程师们齐聚NRD。我想日本方面是想让这些人帮助NRD摆脱困境。但是，去了NRD之后我才发现，只有优秀的工程师是不行的。”石田这样说道。

> 例如，我们在交代设计工作时，有时会做出“对称”的要求。比如我把零件右半部分的图纸给他，让他制作左右对称的两部分。在日本，我们只要告诉对方“请制作对称的两部分”，对方马上就明白什么意思了。因为这不是多么复杂的事情，所以我们认为即使是美国的零件制造商也能轻松应对，于是就放心交给了他们，结果他们就按照图纸制作了两个右边的零件。当NRD发现这一问题时吓了一跳，本想立即通知零件制造商那边取消生产，但却因为NRD内部沟通和联络不畅，没能及时将这一信息传达给他们，结果只能重做，最终花费了两倍的成本和时间。类似这样低级的失误不在少数。

对此，零部件制造商的看法是“按照设计图制作零件是我们的任务。除了日产以外，其他地方都没有这样的订货方式”。为了避免这样的错误，需要更加紧密的沟通，正常地发挥指示命令系统和报告线路等的功能。现在的体制使得这些工作都压在了大久保身上，这也成了瓶颈所在。“为了改善这个问题，有必要减轻大久保身上的负担，给他派遣一些能成为其左膀右臂的管理型人才。”这是藤井和石田通过调研后得出的结论。

在回去的飞机上，我和藤井先生讨论了派遣人选的问题。因为在NRD，车身设计是最主要的，所以我认为从车身设计部门选人比较好，而且由于大久保曾经在车身设计部门工作过，双方也能更好地合作。最终我们确定了大久保的左膀右臂：一位是拥有战略眼光且性格强势的今井英二，另一位则是负责实验工作的渡边邦幸（后任日产常务执行董事）。如果是他们搭配，既能有力地推动工作开展，又能有效带动现场人员参与其中。只是，当时NTC内部关于安全性等众多难题早已堆积如山，这两个人又是NTC不可或缺的研发和实验方面的关键人物，如果让他们去NRD帮忙，无异于捅了马蜂窝，会在NTC引起很大骚动。

回国后，藤井和石田两人立刻将情况向园田进行了汇报，并尝试说服车身设计部部长泽田勉（后任副社长、雷诺顾问）。在听到要将今井和渡边调离的消息后，NTC内部工作人员显得非常激动：“今井和渡边被调走的话我们就没法开展工作了。”看到这样的状况，泽田起初十分强硬，坚决不放走两人。不过，在了解了NRD的情况后，泽田迅速做出了决断：“如果只是一年时间的话，我可以同意今井和渡边的调职，并向他们提出建议，不过还得他们自己做决定。”

两人接受了泽田的提议。

在回顾当初自己做的决定时，泽田说道：“我感觉现在的研发部门好像是被封闭在日本了。所以虽然我这里的情况十分困难，但我还是打算派遣顶级的人才到NRD学习一年，但为了确保NTC本身的工作不出问题，派遣时间被严格限制在一年。”

话说回来，提议将今井和渡边调往NRD的石田，将在一年后被调往NRD任职，去接替承诺一年任期期满后回到NTC的今井。不过当时的石田肯定没有想到这一点。

新年伊始，也就是1989年1月5日，今井和渡边正式到NRD报到就职。这个时候，NRD的研发负责人是担任SVP（高级副社长）[①]的大久保。米勒作为VP（副社长）[②]辅佐大久保。另外，部门领导（部长）层面还有负责设计管理的罗德·福尔摩斯等美国人。而在经理（课长）层面和其下属的主任层面，包括山下等日本派遣人员在内的精锐阵容也基本确定。

实际业务的管理是经理和主任层面的职责，他们也确实发挥了很大作用。但是，部级层面以上除了大久保以外都是美国人，这让大久保的负担过重，进而导致了管理的弱化。因此，今井和渡边将作为新任的部长，负责NRD的管理。

当时，大久保正致力于构筑一个组织体制，希望借此明确与NTC的业务分工以及车辆的研发责任。另外，NRD与NCC的合作机制以及和福特之间的协调机制也很不成熟，需要系统化改造。而且NRD还需要着眼未来，对CR项目结束之后的研发机制建设以及如何处理与日产在美国田纳西州的士麦那工厂之间的关系进行讨论。如今，今井和渡边决定解决这些战略课题问题建立基本机制。

---

① SVP即Senior Vice President，高级副总裁。——译者注

② VP即Vice President，副总裁。——译者注

根据今井的观察，图纸的安排延迟和成本超支问题是当前的主要危机。

设计图安排延迟的主要原因是 NRD 的设计能力不足。NRD 当时正在聘用当地的工程师增强设计力量，但这些新聘工程师还没有形成战斗力，无法及时发挥作用，人手不足的状况还在持续。另外，我们试过充分利用福特的供应商解决这个问题，但他们的设计能力也很差，修改设计又花了不少时间。而且，来自日本的设计图也迟到了。这些都是导致设计延迟的重要因素，设计延迟也间接使得设计成本上升。

社长久米通过对局势的判断，认可了成本的大幅度超支。但是，设计日程延迟的问题更加严重。福特方面甚至要求重新审视、修正时间表，但如果修改时间表，势必导致销售的延迟，NRD 担心这会造成更大的成本负担。而且日产的文化是以遵守时间为大前提的，因此他们无法接受福特的要求。

这时，大久保提出了一个好主意，那就是“中止承接设计业务 3 个月，开展降低成本活动”。这个提议的主要目的其实不是削减成本，其隐藏在背后的真正意图是通过冻结 3 个月的设计业务解决图纸安排延迟的情况。这个提议不仅可以解决工期延误问题，顺带还将导致成本上升的主要问题一并解决，继而缓解成本超支问题。在冻结设计业务的 3 个月里，所有人都充满干劲地投身于现有设计业务。今井为了实施大久保的作战计划，承担起了和 NCC 的协调工作。

就这样，许多重大的难题都被一一解决了。当今井和渡边回国的时候，此前对日美的工作风格及研发方式的差异而感到困惑的美国技术人员们，已经渐渐熟悉并适应，开始发挥自身的能力，和日本技术人员的合作也变得顺畅多了。就这样，随着组织基础的逐步完善，NRD 的绩效也迅速得到了改善。

今井和渡边在第二年，也就是 1990 年年初，按照约定回国了。但他们在 NRD 所做的工作却不能在一年内结束。另外，如果能真正发挥 NRD 在美国的研发潜力，很明显日产可以建成一个适合美国市场的研发体系。泽田切实感受到了建立一个海外研发体系的困难和其对日产的重要意义，同时也决心将 NTC 的关键人物石田繁夫和中村幸纪送出去，作为今井和渡边的继任者。他任命石田担任设计管理部部长，而中村则成为车身设计部部长，由他们来协助完成 CR 项目，并致力于之后 NRD 的组织体系改善工作。迄今为止，打破常规派出王牌级的骨干力量的做法，已成为建立属于未知领域的海外研发体系并取得成功的原动力。发现并派出一些在重要位置真正有实力和想法的合适人选，泽田的这一决定之后将成为日产的巨大财富。亲临海外研发现场，学习海外的管理经验，让顶级人才获得了进一步的提升，并成为连接欧美和日本的全球研发网络的核心。全球研发及人才培养的良性循环开始形成。

推迟了 5 个月的汽车下线

接下来，就是 CR 项目的后续工作了。

1990 年，日产和福特决定由位于埃文湖（俄亥俄州）的福特工厂开始生产贵士车型。福特的总部位于底特律市西郊，伊利湖（五大湖之一）的岸边。这个工厂是福特的一个小型工厂，主要负责被称为“Econoline”的全尺寸厢式货车的车身组装工作。在这个工厂里，福特新增设了福特水星/

日产贵士的专用生产线，扩大了车身组装、涂饰及最终组装的规模，并开始招募工人。

这条新的生产线将由日产方面设计并铺设，未来将基于日产的技术生产汽车。因此，日产方面将派遣技术人员常驻工厂以提供技术支持。

另外，福特方面为了配合日产式的生产方式，在该工厂内新设了一个 CR 项目专项团队。该团队由 8 名系统工程师组成，分为技术部和零件检查部。另外，为了适应日产的生产方式，水星 / 贵士生产线上的工人，还与工会签订了特殊的劳动协议。当时，负责该工厂 Econoline 生产线的工人被细分为 30 多个工种，而为了与日产的工种体系保持一致，福特方面在雇用了多技能工人的前提下对该工厂的工种体系进行了整合，并取得了工会的同意。由于与 UAW（全美汽车工会）的关系问题，这样的协议可能会很难通过。但最终，福特方面还是与工会达成了协议，引入了 QC 活动和个人成果评价等日产式工作模式。福特方面非常认真地对待此次合作。

经过最终的试制，水星 / 贵士车型正式投产是在 1992 年 4 月 13 日。两天后，也就是 4 月 15 日，双方在该工厂内举行了水星 / 贵士车型的下线仪式。双方定的生产目标是第一年生产 135 000 台，其中水星 85 000 台，贵士 50 000 台。

1988 年双方签订临时协议时，考虑到这是日产第一次进行海外研发，也是第一次合作研发，因此制订了相当宽松的计划，当时定的生产日期是 1991 年 11 月 1 日。但是，实际的生产日期却是第二年的 4 月 13 日，延迟了 5 个多月。当时，日产以往的新车研发计划是 30 个月，但是在贵士的研发上却花了 48.5 个月，比计划延迟了 18.5 个月。

当时，石田繁夫已经晋升为 VP（副社长），成为 NRD 中 CR 项目的负责人。福特方面没有追究他们晚了 5.5 个月下线的责任，也没有将其视为合同违约问题进行追偿。对此，石田松了一口气。但是，为什么福特方面会如此宽容呢？日后石田才知道，其实是因为福特的销售部门非常满意水星车型的质量，希望能尽早开始销售。“此时，如果追究违约问题，发售时间就要继续推迟，对福特来说可谓左右为难。”石田再次深切地认识到“坚持制造一辆好车的出发点是最重要的”。

虽然研发周期、成本都大幅度超过了预期，但是他们对于制造一辆好车的热情得到了回报。即使每台汽车的成本比预定高了 700 美元左右，但当真正投放市场后，NRD 却发现每台汽车反而能赚大约 700 美元。销售情况比预想的要好，项目整体的核算结果是盈余。新车型发售不久，就不断传来好消息。在美国工业设计领域最具权威的《国际设计》杂志组织的“消费类”评选中，贵士车型获得了“最优秀奖”，这是汽车产品首次获奖。得到这样的评价，让贵士成了北美市场小型货车的标杆。

可以肯定的是，日产和福特的合作以及 NRD 内日美技术团队的合作成效显著，日产通过与北美市场的直接对话，创造了新的知识。

初次进行海外研发，在一切都是未知的情况下，日产没有采用强制对方使用日本式工作模式这种简单粗暴的做法解决问题，而是在与时间赛跑的同时，取长补短，灵活运用双方的优点，最终取得了显著成果，也形成了日美相互尊重、互相学习的组织风格。此外，大久保还提到“QCD（品质、成本、交货期）都很重要，但只有有了 Q（品质），才能谈 C（成本）和 D（交货期）”，不管有什么理由，都不允许在品质上妥协。

对于坚持“制造一辆好车”的 NRD 来说，结果无疑是幸福的。不允许在品质方面妥协，这一理念为日产之后 20 年的海外研发进程奠定了牢固的基础。对于参与这一项目的日美工作人员来说，这一经历为其带来了自信并积累了宝贵财富。对 NRD 来说，这是数字所无法体现的创业成果。

随后，1993 年，贵士车型开始销售。经历几次更新换代，该车型在北美地区活跃了很长时间。第二代的水星 / 贵士换装新研发的 V6 引擎后于 1999 年开始销售。现行[①]的第三代贵士仅有日产车型[②]，由日产位于美国坎顿（俄亥俄州）的工厂生产，于 2004 年开始销售。而且，从第二代车型之后，NRD/NTCNA 在贵士车型的更新换代过程中几乎没有要求日本方面提供帮助，完全是独立自主研发，因为从那时起，他们已经具备了独立进行海外研发的能力。

① 2008 年原著出版时。——译者注

② 前两代都是分为福特水星和日产贵士两种车型销售。——译者注

第三章

世界の知で創る

战略大转变

与 NTC 的间隙：重新评估海外研发职能和 NRD 的转机

在推进 CR 项目研发的过程中，NRD 的组织也在不知不觉中壮大了。1992 年 6 月，NRD 的员工总数为 471 名，是 1988 年 NRD 设立时的近 4 倍。其中，日本派遣人员为 115 人。

此时，杜安·米勒已是高级副社长，同时也是车辆研发负责人，成为 NRD 内负责研发业务的最高领导；中村幸纪成为负责研发实验工作的副社长，领导着现场研发工作。这时，与 1988 年 NRD 刚成立时相比，日本派遣人员方面发生了很大的变化。NRD 社长从田沼武换成了田隆平，大久保和山下在 1991 年前后相继回到日本。创立 NRD 的第一代成员都开始陆续回国，接替他们的是新从日本赴任的工程师。因此，由新成员推动的组织重组也变得频繁起来。

这时的 NRD 进入了一个对组织应有形态和职能进行重新评估的时期。

今井曾经作为大久保的助手，于 1989 年在 NRD 工作了一年，对这段经历他曾有如下叙述。

> 在这之前，NTC、NRD 都会基于一些概念性问题进行讨论决策。一个典型的例子是，为了推进研发权限的下放，NTC、NRD 在没有对现实情况进行详细了解的情况下，就过度将权限下放给了当地。他们当时讨论的结果是“如果日本人不了解情况，就交给当地人去做吧”。基于这种错误判断，日产在美国研发体制的一些弊端逐渐显现出来。从各个方面来看，在这个阶段，NTC、NRD 都需要利用过去的经验和教训，重新审视和不断完善 NRD 的组织机制。

从某种意义上来说，CR 项目尚处于攻坚克难、极度动荡的阶段，出现这样的问题也是情理之中的事情。确实，20 世纪 80 年代末，在构想向美国转移研发功能的时候，NTC 也曾提出过在美国克隆一个 NTC 这样想当然的理论。但是，在实际推进 CR 项目的研发过程中，日美在研发思路以及基础条件方面的差异逐渐显现出来。为了弥合这些差异，他们不得不开始重新冷静地思考 NRD 和 NTC 的职能分配问题以及合作方式。在这样的情况下，日产重新审视了那些先期未经调研就匆忙提出的理论。一些比较适合放在 NTC 进行的工作就由 NTC 负责，NRD 则将着力点放在那些能够体现并发挥美国当地优势的工作上。日产内部对这类完全基于现实提出的方案越来越认可。对 CR 项目来说，这是一个重大转变，组织形式开始由为应对烦琐且充满不确定性工作而搭建的“战时系统”转向从事常规研发工作的日常体系。

但不幸的是，由于当时日本泡沫经济破灭，日产正处于经营困难的状态。从成本方面来看，当时的情况已经不允许日产进行过度的研发功能转移。反而是 NRD 方面受到了总部控制成本和精简组织的余波影响。比起烦琐的研发业务，此时的日产更侧重于推动实实在在的零件本地化业务。

建立一个在当地研发并生产销售汽车的体制——NRD 成立时的这一中长期构想在现实面前不得不一步步退让，控制成本和精简组织成了当时的首要工作。NRD 的未来展望渐渐变得模糊，进入了调整期和停滞期。对于那些抱着“在美国设计制造出适合美国人的汽车”这一梦想进入公司的工程师们来说，他们的未来也变得不甚明朗。NRD 和 NTC 之间也开始慢慢出现了间隙。在美国的工作人员差点失去了梦想和自信。最终，NTC 明确了方针，车辆研发将在 NTC 进行，NRD 将专注于零部件研发。这些都是

1993 年的事。此时，NRD 的职能弱化已成定局。他们不得不进入一段没有耀眼车型问世的沉寂期。

在这种情况下，1994 年，NRD 社长从成田换成了筱原敬一，今井英二则再次来到 NRD 担任负责研发的 VP（副社长）。

> 1989 年，我按照约定回了日本，当时我在 NRD 参与研发的 WX（第二代 DATARA）项目正进行到一半。除了这个整车项目以外，NRD 此时还在进行双腔汽化器以及 SUV 前雾灯等零部件的研发。但是，在那之后，由于海外研发成本过高，研发时间过长的缺点暴露了出来。日产对于由 NTC 负责整车研发，NRD 等海外研发中心应该专注于研发部分零部件的想法变得强烈起来。

结果，被 NRD 方面寄予厚望的首次乘用车型（ZQ，第二代 Altima）[①]的研发权转由 NTC 方面负责。NRD 不再被赋予整车研发制造的职权，这件事看来已经明确了。随着 NRD 中止 ZQ 项目的研发，1994 年，也就是今井赴任的那一年，16 名工程师、3 名 CAD 操作员及 8 名技术人员相继离职。

对于年轻而优秀的当地人才的流失，今井等人有了深深的危机感。

“必须要做点什么改变这种状况”，今井说道。

类似这样糟糕的事情就像长了眼睛一样不断地找上门来，坏消息一个接一个。没有交给 NRD 而由 NTC 主导研发的 ZQ 车型，在企划和研发上都失败了，被丰田凯美瑞和本田雅阁分流走了大量潜在客户，还被后发的丰田塞纳及本田奥德赛等车型赶超。除此之外，日产优先精简组织的经营

① Altima 是日产在美国研发的中型轿车，定位与国内日产天籁相同。——译者注

策略也出了大问题。这一策略导致他们无法及时研发出打动市场的产品，投放到北美市场的产品阵容眼看就要过时。在北美市场上，日产与丰田和本田的差距越来越大。这些负面因素也导致了员工士气低下。

在执行完 CR 项目后，NRD 对这些状况无能为力，只能眼睁睁地看着状况发生。这是因为他们现在的定位是 NTC 的“助理”，其职能主要是推动零部件当地化以及对日产美国工厂的支援。

尽管如此，今井认为这样的做法不会长久。为了创造扭转事态的契机，他决心向日产总部和 NTC 方面争取更大的职权，并鼓励 NRD 的工作人员积极投入整车研发，不再局限于零部件的研发。这一刻也成了 NRD 走向战略转变的重要时刻。

今井找到 NTC 的同事山县秀司。山县是日产商品研发总部车辆设计部部长（后任日产常务执行董事），他积极支持海外研发。今井与山县“共谋”，如何改变 NTC 管理部门提出的“NRD 专门研发零部件”这一要求。今井提出的方案是“至少要保留一种整车车型（CR 下代车型）的研发权限，同时还要保证三个国产化项目，这是底线”。

今井又补充说道：“所谓国产化，就是本地化。这是充分利用当地零部件制造厂来降低成本、提高品质、增强性能的重要手段，但这个提法给了员工一种为 NTC‘擦屁股’的印象。这样员工士气不会高涨。因此，可以将国产化的提法改为‘终身管理’（Life Time Management）。这样提可以给员工的工作带来一种责任感。希望大家能够借此认识到，通过提高一个车型整个生命周期的吸引力来提高利润，是他们的一项重要任务。”他还提出将终身管理责任制度所针对的对象扩大到在北美销售的所有产品。

今井提出的终身管理，是指 NTC 在完成新车研发后，由 NRD 从 NTC

继承研发、设计任务，同时明确责任划分，NRD对自己所做出的包括小改动在内的设计承担终身责任。这可以说是明确表述了海外研发中心职能的转变，即在市场第一线、零部件供应第一线应对当地情况。“当时对NTC还是NRD承担设计责任，有很多模糊不清的地方，终身管理制度的提出也起到了明确责任的作用。从结果上来说减轻了NTC的负担，实际上NTC也很开心。”

今井等人的战斗取得了胜利。由于引入了终身管理理念，NRD的工程师们找回了久违的自信和干劲。原先认为“我们只是日本NTC的辅助”的当地工程师们重新看到了光明的前景。这个方针转换在当时是一项危险的赌博。但是，当时冒着风险做出的决断，成了决定今天NTCNA发展道路的历史转折点。

随着日产海外研发的变动增多，他们将海外研发划分为3种类型。具体来说，类型1指的是NTC负责整车研发，NRD基于NTC的设计推动零部件的当地生产。类型2指的是NTC负责最初的设计安排，之后将设计工作移交给当地，在当地进行实验和设计更改，直到开始生产。类型3指的是NTC仅研发平台，所有的设计事项全部交由当地研发中心负责，也就是说所有的可见部分都是由NRD负责，CR项目就是类型3的一个典型例子。在今井提出的方案中，至少要保证的一种整车车型的研发权对应的就是类型3。因此，今井所提的方案表明，他们的目标不仅仅是成为一家负责国产化（类型1）的公司，而是要打造一个具备类型3研发规模和能力的设计公司。这个方案也完美匹配了久米和园田等日产高层提出的海外市场研发目标。也正是在这个时候，类型1、类型2、类型3的划分才变得清晰起来。不得不说，NRD对海外研发中心职能的重新审视起到了很大作用，在这个过程中，石田、今井等“海外通”积极参与，将这一职能划分概念化。之后，今井出色地运用了这一概念。

今井之所以敢站出来反对总部的决定，是因为上文提及的第二代Altima车型的研发失败。日产公司内部称这个车型为ZQ。尽管这是一款北美专供车型，但日产却中止了NRD对这款车的研发进程，交由NTC研发，最终以惨败告终。在北美市场上，作为竞争对手，本田雅阁销量达到了40万台，丰田凯美瑞的销量也在30万台以上，二者都取得了不错的成绩，而ZQ的销量却只有13万台。

失利的原因也是显而易见的，最明显的就是吸引力不够。丰田凯美瑞和本田雅阁等竞争对手们都扩大了车身尺寸，并加强了发动机配置，采用了V6发动机。与此相对，ZQ的车身尺寸、设计都沿袭了上一代，搭载的引擎也是和上一代一样的直列4缸发动机KA24DE。其在日本市场上获得好评的造型在美国市场上并不受欢迎。

后来作为产品经理参与第三代Altima（TK）研发的坂井滋做出如下解释。

> 这不是一场比赛。ZQ的失败迫使我们不得不直面这样一个根本性问题，即我们是否真的在制造能够满足市场需求和客户口味的汽车。这是一个机会，让我们可以认真反思那些在技术人员中存在的自以为是、部门中存在的壁垒意识以及日产自身的体制弱点等问题。

尽管第二代Altima是北美专供车型，但其构思却未能摆脱日本本土的束缚。这次ZQ失败的教训，反而成了增强NRD在Altima下一代车型TK研发过程中争取话语权的契机；另外，在日本NTC内部，开始传出这样的声音，即在产品企划和研发的阶段，就要了解当地研发组织的需求和对当地技术的理解（将需求融入研发）。也就是说，应该在研发中更好地融入当地工程师的价值观和品位，因为他们本身也是当地的消费者。

NRD 作为一个研发组织已经历了近十年的风风雨雨，与刚设立时相比，其组织体系已经不可同日而语，当地的工程师们也成长了很多。在这种情况下，被日本拖累的 ZQ 项目的失败经历，让很多人产生了这样的想法："在美国销售的汽车，还是从项目开始就委托给 NRD 研发比较好，因为他们能与美国市场直接对话。"

另外，当时的日产在国内外的销量持续低迷，面临着严重的危机。以 NRD 为首的海外研发组织被认为是导致成本上升的重要因素。因此，精简组织、裁撤员工等活动愈演愈烈。为了应对这种情况，NRD 也迫切需要展示其价值。他们需要一个舞台。虽然处于危机之中，但是只要能有机会展示出他们在研发规模和能力（capacity and capability）方面的潜力……在当时的 NRD 内，员工们迫切想得到一个机会，研发一款能够热销的车型。他们希望能够发挥自身能力从而得到 NTC 认可的想法变得愈发强烈。日产的经营环境和成本削减压力日益严峻，但 NRD 却开始变得顺风顺水。

Xterra——类型 3 的第二次挑战

员工们苦苦等待的机会在 1996 年出现了。继贵士之后，NRD 第二次针对类型 3 的研发要求最终被批准了。这是 NRD 日本技术人员及美国技术人员共同期待的时刻，也是今井制定的转型方针真正落地的时刻。这个机会是一个名为"Xterra"的四驱 SUV 的研发项目。

我们先来介绍这款名为 Xterra 的车。当时，世界上 SUV 的流行趋势已转变为跨界型越野车，这种跨界型汽车过分强调市区行驶质感，对越野性能却不怎么重视。但是，市场对越野性能优秀的 SUV 的需求依然很高，特别是在美国，这种需求尤为旺盛。Xterra 正是针对这种需求企划的，是一款追求能在越野中真正发挥四驱行驶性能的 SUV。另外，当时四驱车的大型化、高端化趋势明显，年轻人寻求的不再是购买价格实惠的 SUV，他们希望厂家在产品阵容中加入能充分发挥越野性能的 SUV。瞄准这样的目标，NRD 研发了 Xterra 这款车。这个企划概念也被浓缩在了 Xterra 的宣传口号中——“正宗、负担得起的 SUV”（Authentic，Affordable SUV）。

1996 年开始研发的 Xterra，于 1999 年年末作为 2000 年款的车型发售。该车在发售的第二年，也就是 2000 年 1 月在底特律举办的北美车展上成为热门话题，并斩获大奖。Xterra 不仅在商品企划上精准地找到了市场痛点，而且在销售上也相当成功。这一成果，给作为日产单独研发新车且首次挑战类型 3 研发的 NRD 带来了巨大的自信，而且也彻底转变了原本 NTC 对 NRD 的实力半信半疑的看法。

为什么 NTC 会在这个时候将 Xterra 车型以类型 3 的形式交给 NRD 研发呢？通过上述实际我们可以了解到，以今井到 NRD 赴任为契机，NRD 的战略方针发生了很大变化，NRD 的全体工作人员都热切希望进行类型 3 的研发。而顺应趋势大力促成这件事的石田繁夫，在 1997 年第二次赴 NRD 就职，担任高级副社长，并在 1998 年成为社长。石田上任后，积极与 NTC 对接，“招揽” Xterra 的研发权。石田出身于 NTC 实验部门，在 NTC 内部，这个部门并不是核心部门，NTC 的核心是研发部门。但他凭借出色的分析能力和战略思想，以及强大的社交天赋，在研发部门中也有着很强的影响力。大久保和泽田也充分发挥了石田的这些能力推动重建海外研发体系。

石田执着于类型 3 的研发是有原因的。当时，NRD 虽然宣布要转换方针，但是因为缺少一款有影响力的车型进行研发，公司产生了严重的人员过剩问题。如果放任不管，NRD 将会面对裁员压力，一些好不容易适应了日产式的研发风格且被寄予厚望的有实力的工程师们恐怕会离开 NRD。

很多 CR 项目刚启动时聘用的年轻美国工程师，此时已经成了公司的领导层，并逐渐活跃了起来。基于这种状况，石田觉得有必要通过启动类型 3 的研发工作防止人才流失和组织弱化，因为与类型 2 相比，类型 3 的研发在人员和技术方面都需要更多的资源。所以进行类型 3 的研发，与其说是石田的一个梦想，倒不如说是石田为了打破僵局而不得不做出的决断。

这时的 NRD 已经以类型 2 的方式，参与研发了 Altima、Sentra[①]、Frontier（日本达特桑[②]）等车型。在这些车型的研发中，NRD 取得的成果和展现的实力无可非议。NTC 也渐渐对 NRD 的实力产生了信赖感。但另外，他们依然对授权 NRD 进行类型 3 的研发持慎重态度。由于 Xterra 是一款针对（对当时而言）小众市场的 SUV 车型，而且该车型沿用了已经经过实践检验的现有平台框架，其风险较小，因此有越来越多的人认为可以试着把 Xterra 委托给 NRD 研发。今井、石田等人巧妙地利用了这种声音，并尝试与 NTC 达成一致。

但是，在 NRD 开始以类型 3 的形式研发 Xterra 的时候，日产在北美市场已经颓势尽显，万一 Xterra 没有取得成功，NRD 的职权必将削弱，成

① 日产在美国研发的紧凑型轿车，在四代车型之前与日产阳光为同一车型，仅在北美地区有不同称呼，现该车型为独立车型，定位与日产轩逸相同。——译者注

② 日产在美国研发的皮卡车型，与日本国内的达特桑为同一车型。——译者注

本预算方面也必将受到更严格的控制，之前担心的组织精简和裁员将不可避免地成为现实。既然如此，就背水一战，只可成功，不可失败——这是NRD研发部门高层的想法。高层的想法很快就传遍了整个NRD。危机感和应对新挑战的斗志，反而促使NRD变得更加团结一心。

不合常理的Xterra

Xterra是一款带有明显的NRD研发痕迹的车型。这款车身上，体现美国工程师的感性和思考方式的地方随处可见。一些NTC技术人员或者NRD日方技术人员无法想象的不合常理的东西也被融入了这款车。在当地生产销售的汽车，应该基于当地的品位来研发，这一理念也是NRD设立的核心思想。站在市场最前线，做好与市场的对话是NRD的使命。遵循这一理念设计的Xterra，成了首款充分展示NRD独特性和真正价值的汽车。

例如，Xterra最具特色性的地方是其外观设计。Xterra是基于达特桑皮卡车型的框架结构和底盘研发的，但从外观上看，Xterra提升了后排车顶的高度，形成了一种类似于“阶梯式车顶”的特征造型。和初代贵士一样，这个崭新的造型也是由圣迭戈的NDI负责设计的。NDI的这个设计正好抓住了美国西海岸年轻人的心。但是，从日本的设计理念看，这种设计是非常不合常理的。

NDI将车身后部车顶抬高是有原因的。为了响应美国市场的呼声延长续航距离，技术人员在设计Xterra时大幅提高了油箱的容积，所以后排座椅的部分地板变得更高。要想确保后排座椅的舒适性，就不得不提高车顶高度。虽然以前在日产也有技术人员提出过整体提高车顶高度的方案，但因为这种设计会影响车辆行驶时的稳定性和平衡性，最终没有被采纳。于是，唯一行之有效的方案就是阶梯式车顶的设计。然而，如果采用阶梯式车顶，会出现决定性的结构问题。因为车顶的高低差大大降低了车身强度，汽车可能会在碰撞时产生安全问题。采用有高低差的车顶设计需要加强车身强度。另外，由于车顶的构造变得复杂，制造成本会大幅提高，品控方面也会出现问题，故障率将大大提升。因此，汽车设计中的一个常识就是，通常情况下不采用阶梯式车顶的设计。但 Xterra 的设计却打破了这一常识。

当时，在 NRD 内担任 Xterra 车体设计负责人的二俣达哉说了如下的话。

> 除了这个设计以外，在 Xterra 身上，我们还尝试了很多超出常理的设计。对美国技术人员来说，只要认为这个设计是好的，他们就会想方设法实现这一设计。而我们日本技术人员也想展示 NRD 的实力，双方不谋而合。

在美方技术团队的强烈要求下，NRD 决心采用这个阶梯式车顶的设计，并齐心协力跨过了这个日本技术人员不熟悉的设计壁垒。在实际设计过程中，阶梯式车顶与极粗的车顶架搭配在一起，营造出了一种强悍的感觉，这一车顶设计获得了市场的一致好评。而且，由于进行了精心的加固，他们从用户那里收到了这样的有关碰撞安全性的感谢信："在驾驶过程中与数百千克的巨大美国驼鹿[①]（Moose）相撞，尽管这个庞然大物径直撞向了驾驶室，但这款车非常结实，没有一个乘客受伤。如果是其他 SUV 遇到这种情况，乘客可能会因驾驶舱的挤压而丧命。"类似这样的来自客户的评价进一

① 世界上最大的鹿，加上鹿角可以达到三米的高度，最重的能达到 800 千克。——译者注

步提高了 Xterra 的声誉。

除此之外，还有取消车身背面的备用轮胎等各种各样的“奇葩”设计。这些设计在 NTC 是不可能出现的。当然，NRD 方面做出这些设计并不是单纯地为了展现 Xterra 的与众不同。常务执行董事薄叶洋说道：“技术人员们亲身了解了北美 SUV 市场的需求，判断这是一种有冒险价值的设计，并将这种来源于客户现场的构思实际应用到产品上，这就是 NRD 的设计精神”。另外，NRD 的日美混合研发团队培养出了与 NTC 不同的市场敏锐性，这也证明 NRD 与美国市场对话的机制开始发挥作用。

另外，在当时，NTC 有一条不成文的规矩：NTC 没有做过的事情不能在海外设计中心尝试。基于降低风险的考虑，这样做也是无可厚非的。但是，由于 NRD 在类型 3 的研发中得到了大家的认可，所以在 NTC 内部，大家也试着接受了 NDI 的设计。类似“即使是 NTC 没做过的事情，也让 NRD 试试看吧”这样的氛围快速在 NTC 内部形成。在这一点上，日产彰显了自己的理性特征。

但是，反过来说，要挑战一些在日本都没有做过的技术研发，NTC 迄今为止积累的知识储备是不可或缺的。以 NTC 的经验和知识为基础，思考如何超越这些经验和知识——这已经成了 NRD 的常规手段。而掌握这一手段的关键是日本派遣人员。他们没有以“在日本没有做过”为由就拒绝做出尝试，而是以在美国市场的成功为基础，敢于应对在日本所无法应对的挑战。他们还煞费苦心地说服日本国内能够配合 NRD 的挑战。

同时，只考虑满足美国市场需求的独特构思是没有用的，要实现这些构思，必须由美国工程师们提出技术性的解决方案，而且这些解决方案还必须充分考虑到工期和成本问题。从这个意义上来说，这对美国工程师们提出了更高、更严格的要求。只有提高自身实力，达到与 NTC 同等的研发生产能力，NRD 才能实现真正意义上的独立研发。由此可见，使美国工程师们能够热衷于研发工作，并进一步提高实力、获得成长是必不可少的。为此，二俣等日本派遣人员“对着图纸，手把手地教导美国工程师们应该从怎样的角度去思考问题”，通过这种方式，他们几乎把相关的日本隐性知识全部传授给了美国工程师们。类型 3 的研发就像一个战场，这个战场让日美双方的工程师能够有机会一起奋战，并提供了一个集中传授隐性知识的场所。

进行贵士 / 水星车型研发的 CR 项目是 NRD 首次尝试类型 3 的研发，不过，在这个项目中，NRD 的日本派遣人员占据了研发主导权。实际上，在类型 3 的研发模式中，日本工程师应该承担的是协作任务，需要把美国工程师们推到前线主导整个项目的研发。在 Xterra 的研发过程中，这一模式才真正得以体现，美国工程师们都很活跃，克里斯 · 里德负责车体加固设计，罗布 · 布兰查德负责车顶行李架设计，达格 · 杜则负责整个车身面板的设计。从这个意义上来说，以类型 3 方式成功研发 Xterra 对 NRD 来说是一个具有历史意义的重要事件。

起死回生的 TK 项目

在 NRD 启动研发 Xterra 的第二年，也就是 1997 年，日本的 NTC 启动了另一个对美国市场来说相当重要的项目研发，即第三代 Altima 的转型项目。新款 Altima 被 NTC 命名为“TK”，是继 ZQ 之后的又一款北美专供车型。

当时的 NRD 相关人员透露，本来日产方面已经决定由 NRD 担任 TK 项目的研发主体，以类型 3 的方式进行研发。但是，对当时的日产来说，控制成本成了最重要的一项任务。因此，日产最终决定该项目继续由 NTC 负责，NRD 以类型 2 的方式参与。

作为这个研发项目的产品主管，坂井滋在项目初期参与了 TK 的概念车制造。坂井还参与过第一代日产霹雳马[①]的研发，他有着敏锐的市场洞察力和出色的概念创造能力。他曾通过霹雳马在日欧市场的成功，证明了自己专业的产品研发能力，也曾因 ZQ 项目的失败而深受影响。所以即使是以类型 2 的方式参与 TK 项目研发，他依然打算以实力不断增强的 NRD 为舞台，为自己正名。他打算充分利用处在市场最前线的美国技术团队的力量。

为此，NRD 与 NMC（日产北美销售管理公司，US Nissan Motor Co.，Ltd.）一起，在美国国内开展了细致的前期调研活动。这与以前的类型 2 研发方式有所不同，NRD 从产品企划阶段就开始参与，可以说是一种类型 2.5 的研发方式。坂井指出：“此前，日产在类型 2 的研发过程中，在企划阶段采用的模式是，NMC 和 NRD 从美国市场获得与研发相关的信息，然后以报告等形式将之反馈给 NTC，再由 NTC 进行产品企划。但是，采用这种模式的弊端是，一些信息注定无法得到充分利用。现在，我们已经重构了这一研发体系，从产品企划阶段开始，我们的员工就一直深度参与其中。”

同时，坂井还提道：“NTC 内部长期以来形成了一些工作定式，比如会在研发过程中优先考虑公司内部情况和之前的一些惯例等。我希望通过让美国技术人员提早参与，打破这些弊端。”

---

① 在欧洲叫作 Primera，日产和雷诺合作研发的一款轿车，第一代车型于 1988 年开始研发，1990 年上市，主要供应欧洲市场。——译者注

而 NTC 内部也赞同这一模式，他们担心如果公司一直延续这种氛围，会重蹈 ZQ 项目失败的覆辙。

坂井等人决定汇聚大洋两岸的知识力量，从零开始重新审视 Altima 的车型理念。为了与目标市场，也就是北美市场充分对话，生产出一款能够扎根于该市场的车型，他们决心采取一种区别于以往常规产品企划流程的崭新研发模式。为此，他们十分注重项目早期阶段的意识转变，希望以崭新姿态迎接项目的正式启动。

项目早期阶段，主要需要研究讨论的是车身尺寸、发动机排量、悬挂类型等决定车辆性能的基础要素。除此之外，为了大幅度降低成本以提高盈利能力，达到零件本地化率 80% 的目标也成了必须完成的一项课题。

为了研究这些，NRD 引入了一种名为质量机能展开（Quality Function Deployment，QFD）的管理手段。QFD 实际上是日产通过 CR 项目，从福特那里学到的。虽然还没有在日产的新车研发过程中使用的先例，但坂井等人还是下定决心尝试使用这一手段。

> 在汽车研发过程中，将市场需求反映到设计图纸中是必不可少的环节。以前我们主要是以日本国内为中心进行汽车研发，如何将这种需求反映到车辆设计的方方面面，靠的主要是研发负责人的经验和感觉，也就是研发人员的直觉。日本的市场就不必说了，对于这些研发者来说，他们缺乏海外市场的生活体验，仅靠直觉是不可能做出正确判断的。我一直在想，也许这就是 ZQ 项目失败的原因之一。

直觉的好坏，是无法讨论和评判的。因此，坂井等人认为有必要引入 QFD 作为客观分析、评价市场需求的工具。他们意识到这是美国将隐性知识转化为显性知识的一种创新性手段，并打算充分利用这一工具。

此时，NRD 当地技术人员的信息收集和调研能力与 20 世纪 90 年代初相比，已经不可同日而语。在引入 QFD 后，他们可以与日本技术人员基于统一的标准对北美市场需求进行讨论。而且引入这一手段也使 NTC 内部的意识转变成为可能。

在经过这样的产品企划阶段之后，NRD 以研发工程师为中心，开始了将市场需求和理念转化为具体设计样式的工作。在这个转换过程中，日本工程师和美国工程师进行了充分的讨论，最终确定了一系列事项：除了为新车配备新研发的四缸发动机外，他们还为部分车型配备了改良后的 V6 发动机，悬架方面则采用了后多连杆独立悬架，并进行了长轴版等创新。幸运的是，NTC 正在进行平台的更新换代，这为新车的研发提供了绝佳机会，成为新车快速研发完成的一大助力。通过 NTC 和 NRD 的通力合作，2001 年发布的第三代 Altima 一上市就引起了巨大反响。这是一款让人一眼就能看出 NRD 设计理念的美国式运动轿车。预计在同一时间发布的本田雅阁，因为第三代 Altima 压倒性的运动性能，不得不推迟了发售时间。新型 Altima 在北美市场的销量飞涨，并在 2002 年获得了北美汽车大奖，这也是日本车首次获此殊荣。

迫不得已的办法：大规模派遣计划

上文曾提及，TK 项目开始启动的 1997 年，石田繁夫作为今井的继任者再次来到 NRD 赴任。第二年他就任 NRD 社长。从石田到任的 1997 年中期开始，NTC 对 NRD 缩减研发成本的要求越来越强烈。此时，日产因国内经济低迷而陷入销量不佳和债台高筑的困境。在不得已的情况下，日产于 1997 年年底接受了雷诺的资本注入。当时的管理层尝试找到摆脱困境的根本办法，最终他们决定通过彻底的成本削减计划解决问题。受此影响，NRD 被迫削减成本并进行裁员。

虽然 Xterra 的研发成功极大地提高了 NRD 美国工程师们的士气，但在这之后，NRD 正式参与 TK 项目时，公司再次处在了巨大的动荡之中。日产的经营危机日益严重，NRD 深受影响，甚至有迹象显示 NRD 面临被解散的风险。此时，在日本，媒体每天都在报道日产的经营危机。由于日产汽车的声誉不断恶化、业绩持续下滑、裁员数量继续增加，越来越多的 NRD 技术人员因不看好公司的前景，纷纷跳槽到三大巨头[①]。与日产形成鲜明对比的是，因美国经济形势持续向好，当时的三大巨头业绩持续走高。NRD 不想看到苦心培育出的工程师们离自己而去。

在那之后不久，日产在卡洛斯·戈恩的领导下完成了 V 字形复苏，业绩重回顶峰并成功实现复活——当时没有一个人能预想到这样的未来。因为戈恩改革的成功，NRD 也很快迎来转机，相继以类型 3 方式研发了全尺寸皮卡、SUV 和第三代贵士。随着这些项目的研发接连展开，NRD 突然面临人手不足的状况，这种状况的出现也是谁都没有预想到的。

不管怎样，当时的石田非常担心有能力的工程师离职。为了扭转这种局面，他不得不使出苦肉计：由第二次赴任的山下光彦带队，率领约 30 名美国工程师前往 NTC 锻炼一年到两年半的时间。

上文曾提及，因为成本削减的需要，日产将第三代 Altima（TK）的研

① 美国三大汽车巨头：福特、通用、克莱斯勒。——译者注

发工作交由 NTC 继续负责。因此，在项目开始后，NTC 内与 TK 项目相关的部门就忙得不可开交。与之相对的是，NRD 因为以类型 2 的方式参与研发，所以显得比较清闲。石田担心，在当前努力削减成本以渡过难关的形势下，NRD 的这种情况会被日产认为是人员过剩。

石田认为："第三代 Altima 的后续研发工作最终还是要由 NRD 来负责，既然如此，在项目一开始就让 NRD 的技术人员前往日本，参与前期研发，这样做只有好处没有坏处。"

而且，石田认为这是解决 NRD 人员过剩问题以及由此导致的裁员风险的妙招。石田决定将 NRD 的美国工程师们送到 NTC，让他们从 Altima 项目研发的初期阶段就开始参与。之后在英国和其他地区也开始启用的"大规模派遣计划"由此诞生。此次是山下第二次被派往 NRD 任职，但不巧的是，来美国仅仅几个月后，他就被任命为派遣团队的领队，只身回到了日本 NTC 任职，而把家人留在了美国。石田觉得，只有熟知日本和美国工作情形以及人力资源状况的山下，才能胜任这一前所未有的交流活动的领队。

虽然当时的 NRD 还没有达到 NTC 的水平，却已经具备了短时间内将产品推向市场的能力，而且其交货时间已经远低于一般美国汽车的研发时间。此时 NRD 的目标是进一步提速，尽快达到 NTC 的水准。为了达成这个目标，NRD 所采取的一项关键举措就是实现与 NTC 更加紧密的合作。

而实现这种合作的瓶颈就是与 NTC 工程师们的交流问题。虽然依托电子邮件和视频会议系统等工具进行交流确实很方便，但交流的基础在于人与人之间的密切关系。在面对不相识的人和面对长相甚至性格、喜好、能力等各方面都很熟悉的人时，即使使用同一部电话进行交流，交换信息的质量也有很大的不同。在以往 NRD 和 NTC 的通信中，十分缺乏这种基于密切关系的交流。实现高质量的交流，就需要建立更为紧密的交流场所，使得双方像同吃一锅饭一样建立紧密的关系。而这也是石田提出大规模派遣计划的另一个目的。

鲍勃·桑普（后任 NTCNA VP）是当时被派往日本辅助山下的美国工程师之一。1988 年 NRD 成立初期，他就从大众美国跳槽到 NRD 担任工程师。现在他已经是 NTCNA 中负责组件工作的美方技术团队负责人。

从 1999 年 1 月开始，桑普被派往 NTC 参与 TK 项目达 8 个月之久。长达 8 个月的单身出差对美国人来说是很罕见的。同意长期出差的基本都是单身者，有妻子的只有桑普一个人。在桑普到来之前，山下作为这支逆向派遣团队的队长，已经先期抵达了 NTC。从 TK 项目的研发计划发布到提出最初的设计构想书，都是山下亲自负责的。桑普到任后接过了这些工作，负责设计安排等。

桑普在 NTC 所从事的工作实际上是“一线”工作。除了要对 Altima 的研发方式进行探讨并审查所有的设计构想书外，他还需要参与车辆样式的审查，站在美国人的立场上，从美国用户的品位和美国市场的需求出发，对车辆样式提出自己的意见与建议。

然后，在确定实际样式时，美国工程师和日本工程师会共同做出决定。桑普提道：“在研发样式的确定阶段，由于 NRD 美国工程师的加入，这个项目从研发伊始就在细节上与美国方面达成了一致，若非如此，就没有 Altima 的成功。”他表示，“我为自己能够参与汽车企划和最上游的研发工作而感到自豪。”看到派往 NTC 的美国工程师如此活跃的表现，NRD 的美国工程师们也惺惺相惜，对能被认可和重视而深受感动。

此时，桑普遇到了日产重大转型过程中有趣的一幕。1999 年 4 月，卡洛斯·戈恩入主日产，并推动了日产与雷诺的联盟。结盟后，日产总部的通用语中加入了“英语”。桑普在NTC的时候，日产正处于混乱状态。在他第一次出席的构想书研讨会上，NTC的设计者用日语开始对构想书进行说明，商品主管矢形昌巳立即叫停了该负责人的说明，并提出“请用英语进行说明”。桑普对此感到非常惊讶。他回忆当时的情形时说道：“用大家不习惯的英语进行交流，导致会议时间拖得很长，效率也很低，但是NTC的日本工程师和NTCNA工程师之间的沟通，却明显变得更有效率了。”这让桑普不由自主地想起了在NRD内部，大久保也曾发表过将英语作为通用语言的宣言。

这样一来，从TK项目研发的初期阶段到主要阶段，很多NRD的核心工程师们都有了深度参与。他们被分散到日本工程师中间一同工作，同甘共苦，这对NTC和NRD的关系提升产生了积极影响。他们中很多人每天与日本工程师一起喝酒聊天，有好几个人甚至娶了日本妻子。他们完全融入了NTC的文化，与NTC的工程师们彼此了解，掌握了NTC内部潜在的隐性知识——这成了日美间有效交流的基础。同时，这样的深度参与也为美国工程师们提供了一个亲身体验日本式工作方式的机会，并提升了他们的自信心，让他们确信自己的能力在日产研发总部也能得到发挥。由于参与建立这一基础的工程师人数众多，他们之间犹如形成了一个能量场，产生了互相学习的协同效应。一大批熟悉日产式价值观和研发风格的美国工程师由此诞生。就这样，以大规模派遣计划为契机，日产内部掀起了在日本培养熟悉日产式工作方式和隐性知识的外籍工程师的潮流，借此打破地域和文化的隔阂。当然，这一潮流的出现离不开TK项目的超高人气。

在打算前往日本的美国工程师们出发之前，石田给了他们一项艰巨的任务。

> 到日本后，你们会获得一些重要的职位。但是，既然身在其位，就要发挥出和同一岗位上的日本人一样的作用。除此之外，你们还必须一边主动推进工作，一边加强与 NTC 有关责任部门的沟通。迄今为止，NRD 与日本方面的交涉工作，都是由日本派遣人员从中斡旋的。我希望你们从日本回来后，能够改变这种局面，承担起这一重任。为了能做到这一点，希望大家的目光不要仅仅聚焦在自己所从事的领域，还要主动了解周边的工作内容。我希望你们能够建立自己的沟通途径（人脉），以方便日后你们与日本相关职能部门的交流。这是你们在日本的一项重要任务。

石田明确告诉即将出发的美国工程师们，只专注于自己的工作任务且只对此负责的美国式工作风格在日产行不通，并将在日本建立人脉关系作为一项任务交给了他们。这些美国工程师一开始对石田的话感到不知所措，但最终还是在回国前出色地完成了这项任务。

他们在借调到 NTC 期间，与 NTC 技术人员建立的人脉关系很快就发挥了作用。双方在电话沟通时，变得不再陌生，而是如久别的老友间通话一样，接起电话时会兴奋地喊出“呀”。这种密切关系进一步加深了 NRD 和 NTC 之间的合作。实际上，TK 项目之后，NRD 的下一个主要项目“泰坦”的研发就是以这些美国工程师为核心、以类型 3 的方式完成的。该项目最终也大获成功。

在戈恩体制下再启航

在石田担任 NRD 社长期间，日产获得了雷诺公司的注资。同时，卡洛斯·戈恩就任日产 COO。戈恩入主后，日产为实现 V 字形复苏，推出了复兴计划，开始全力压缩成本并积极拓展新的市场机会。为此，日产汽车关闭了村山工厂，削减了部分车型。

1999 年 7 月，刚刚到任的卡洛斯·戈恩来到 NRD，与石田社长进行了会谈。戈恩刚上任就来到美国，是为了找出日产在美国市场表现低迷的原因。在 1998 年年度财政决算中，日产共计亏损 6000 亿日元。戈恩认为亏损的主要原因在美国市场身上。如果不能在美国市场盈利，日产汽车公司将难以为继。

自 1988 年日产研发部门进驻美国以来，日产的管理层一直在提供各种各样的支持，但从北美战略高度上认识 NRD 的必要性和重要性，这还是第一次。戈恩以其冷静而透彻的战略观，敏锐地意识到日产全球（包括新兴国家）发展的重要性。他尤其重视美国市场，希望以美国的业务扩展为突破口找到日产的复苏之路。戈恩十分重视现场和多样性，他对北美市场的一线研发能力充满了期待。石田意识到，明确 NRD 存在基础的机会来了。

石田向戈恩详细介绍了 NRD 的研发技术能力。石田介绍到，在北美地区，NRD 的研发能力名列前茅，而且 NRD 还可以为日产做出更大的贡献。此外，NRD 准备了几款美国三大巨头生产的全尺寸皮卡和 SUV，让戈恩试驾。当时，三大巨头已经凭借这些车型获得了相当大的利润。在戈恩试驾期间，坐在副驾驶上的石田，一边回答着戈恩不断抛出的问题，一边借机向戈恩表态，NRD 有足够的能力研发出试驾的这类车型。他向戈恩斩钉截铁地说“我们真的能做到”“NRD 就是为此而存在的，并因此而充满力量。要制造出真正强大的产品，北美市场的现场研发能力必不可少”。

最终，戈恩认可了 NRD 的研发能力。

不久之后，NRD 就更名为 NTCNA（Nissan Technical Center North America）。这也是戈恩改革的一环，目的是通过统一海外研发中心的名称（以 NTC 为前缀），建立一个以 NTC 为中心、更加牢固的研发网络。更名，透露出一个信号，那就是研发工作原本就应该在全球范围内进行。这是久米和园田基于研发全球化的想法创建了 NRD 之后，时隔 12 年日产在研发全球化方面点燃的第二把火。戈恩也同样认可全球研发的必要性。

明确将工作重心转向美国市场的戈恩决定最大限度地提升 NTCNA 的规模和能力，并给了他们大量类型 3 的研发项目。同时，NTCNA 也一反颓势，通过增强人员力量及扩建新的公司办公楼等举措吹响了反攻的号角。多年积淀，一朝迸发。在这之前 NTCNA 通过今井的战略转变，以及石田的大规模派遣计划等积蓄的能量瞬间得到释放，终于开花结果。NTCNA 相继以类型 3 的方式研发了泰坦、阿玛达、贵士、Xterra 等一系列车型，呈现出了前所未有的盛况。

第四章

世界の知で創る

技术创新

接踵而至的类型 3 研发

2000 年，山下光彦接任石田，成为 NTCNA 社长。山下于 1954 年进入日产，他有良好的教育背景。自 1988 年 NRD 成立以来，他就积极投身车身设计领域的海外研发事业。1988—1990 年，他一直担任 NRD 车身设计工程师，1996 年被选举为公司董事，并晋升为 VP。之后他作为前文提到的大规模派遣计划团队的领队，带领美国工程师回到日本。此次是山下第三次在 NRD 任职了。山下多次立足海外研发的“修罗场”中，对日产的全球管理有了切身体验，也在其中充分发挥了自身的领导才能，这些经历让他成为日产海外研发的中流砥柱。

以泰坦的研发为起点，一波接一波的类型 3 的研发，终于将 NTCNA 的海外研发推向了真正的顶点，而全程参与的山下无疑是这段历史最好的见证者。日产自进入北美以来，就开始销售日产卡车（D21）。该车型从 20 世纪 80 年代开始在美国当地生产，但是在美国研发生产全尺寸皮卡还是第一次。正如石田对戈恩介绍的那样，全尺寸皮卡是一种在北美市场上非常受欢迎的车型。正因如此，该细分市场也成为美国三大巨头重点争夺的对象。在这一细分市场中，聚集了雪佛兰雪崩、道奇 RAM、福特 F150 等强有力的竞争对手。NTCNA 研发的泰坦，在 2003 年的底特律车展上首次亮相。日产为这款全尺寸皮卡配备了 5.6 升发动机，意图向这一细分市场发起强有力的冲击。对日产来说，这是一项充满野心而又艰巨的任务。最终，他们完成了这项艰巨的挑战，泰坦车型在日产新设的美国坎顿工厂正式投产。

之后，以泰坦的平台为基础，NTCNA 先后研发了“阿玛达”系列和英菲尼迪 QX 系列 SUV、“Frontier/Navara”系列皮卡，而后又研发并推出了第三代帕拉丁、第二代 Xterra、第三代贵士等。在这些车型的研发过程中，NTCNA 的美国工程师们发挥了重要作用。

凭借积极的产品战略以及在北美地区极具吸引力的产品研发设计，日产汽车展现出了惊人的 V 字形复苏迹象。其中，一线力量发挥了重要作用。NTCNA 研发的所有车型都大受欢迎。出色的研发带来了大量的利润，而利润的增加使得 NTCNA 的工程师们重获活力和动力，进一步增强了 NTCNA 在北美的研发能力。日产在北美的研发活动开始进入一种良性循环。

发展到现在，NTCNA 再度面临研发人员短缺的困境。为解决这一问题，NTCNA 再次制订了补强计划，该计划主要针对那些 20 世纪 90 年代公司困难时期离职的优秀工程师们，公司希望他们当中有回归意愿的人可以再次加入并发光发热。结果，许多人真的重新回到了 NTCNA。在 Xterra 车型研发过程中发挥了重要作用，后来跳槽至福特的布兰查德就是其中之一。他在回忆这段经历时有如下表述。

> 当时，我以骨干工程师的身份转到三大巨头之一的福特工作，薪水也大幅提升。但在福特，我仅负责一个零件的研发任务，与在 NRD 时相比，权限大大缩小了。这使我再次意识到，在日产被赋予了大量的研发责任，对我们实现自身价值意义重大。

从 NRD 时代到 NTCNA，日产公司经历了很多波折，有很多情况连公司的领导层也不清楚该如何应对。在理念先行的情况下，会出现很多背离实际而走了弯路的决策。在日产的经营危机过程中，管理层对研发的规模和作用也产生了错误的认识。

但是，有些事情一直没有变，例如想制造一辆好车的热情，以及日产式的工作风格。这一风格的核心是在不断提高自己技术能力的同时，相互尊重、相互学习的公司文化。另外，为了有效地体现这一文化，公司一直强调团队合作，并使每个员工在更广泛的领域中担当重任，同时也十分注重员工的灵活性。日产深刻认识到，类似章鱼笼和筒仓这种封闭式的工作方法，无法将大家的想法真正地汇聚并融合在一起，也无法提供用户想要的产品和创新。这种基于汽车整体和用户需求的研发方式，最终形成了日产式的价值观。

在体验过这种研发风格和价值观后，那些曾经离开的美国工程师们，通过对比都会对其优越性产生深深的共鸣。这种共鸣跨越了国籍。

新的挑战

在拥有了诸多类型 3 的研发经验后，NTCNA 的规模也不断扩大，已经拥有了约 1000 名员工，公司办公楼也大幅扩建。此时的 NTCNA 已经具备了以类型 3 方式同时承接多款车型研发任务的能力。但对山下来说，这一切才刚刚开始。

规模的快速扩大和业务的急剧扩张并不全是好事。汽车很受市场的欢迎。但是，在这背后，大量新的零部件制造商加入日产研发体系，他们要在短时间内学习日产式研发风格、引入新的研发流程，并要严格按照工期交付产品。这也导致零部件在质量和成本方面可能出现问题。

山下认为这个问题必须引起足够重视。为了使 NTCNA 实现真正的飞跃，无论面对多么恶劣的竞争环境，有些东西必须坚守，那就是品质、成本、技术能力、管理等组织的基本能力。如果这些都做不好，就会像在火场上使用蛮力一样，也许会取得一时的效果，在阶段性的产品研发中取得成功，但从长期的品牌力和收益性来看，也就是从可持续发展的角度来看，可能会留下很多隐患。因此，NTCNA 必须将这些潜在能力作为组织知识进行梳理，并储备起来。

2004 年，各种车型的研发告一段落。此时，山下打出了“技术创新”的旗号，开始了 NTCNA 的基础能力再构筑运动。

山下提出了以下四项原则。

（1）Front line，一线基地；

（2）Engineer the vehicle，整车设计；

（3）Data driven，fact based，基于现实和数据；

（4）24-hour response，24 小时响应。

一线基地是指要明确意识到 NTCNA 是北美市场现场的第一线基地，必须做好与北美市场的对话、与零部件制造商的合作以及与美国日产工厂的合作。整车设计指的是不要将自己困在章鱼笼里，只盯着自己负责的零部件，要经常从制造一辆好车的全局角度看问题。基于现实和数据是指要贯彻现地、现物、现实的“三现主义”，不搞纸上谈兵和没有实质内容的理想论。而 24 小时响应指的是问题出现后，要把它当作自己的事情马上解决，不能隔岸观火，坐视不理。

这是山下按照自己的方式对新的日产式风格所做的解读。山下在打下这个基础后回到了日本，接任大久保成为统领所有日产研发部门的副社长，成了戈恩的得力助手。

接任山下成为 NTCNA 社长的是山口豪。山口 1983 年进入日产汽车公司，长期以来一直从事车身的研发和实验工作。山口被任命为 NTCNA 社长时才45岁，高高的个子，给人一种运动健将般的清爽感，浑身充满了活力，是一位有魄力且能抓住事情本质的领导。山口延续了山下提出的技术创新路线，并付诸实践。2005年，他提出了“愿景2005”的口号，并宣称：“努力成为北美第一的车辆研发企业”。为了实现这个愿景，他在品质、成本、技术能力等方面制定了明确的可量化的目标（KPI），并开始积极行动起来。NTCNA从追求规模和能力的时代开始转型，迈向稳步发展、追求质量的新阶段。此时的NTCNA不再依靠NTC的援助，开始逐步提高自身研发能力，走上以美国工程师为主体进行独立研发的新征程。

而戈恩也似乎是有意识地推动NTCNA的这种积极性，他经常造访NTCNA，召开全体员工大会，用他天生的好口才给大家打气，鼓励大家成长。

> 戈恩先生的要求非常严格，却也非常合理。他告诉我，为了自身的成长，我们需要攻克一个又一个的难关，而在这个过程中，我们所取得的成绩又会带给我们更多的动力。我们要相信自己的能力。这个道理很浅显，但对我们来说十分有用。

日产一直保持着这种积极的态度向前进，也用这种态度激励全球的工程师，激发他们的工作动力，最大限度地利用他们的知识和能力，这正是日产自1988年以来一直致力于海外研发的最大助力。

山口从戈恩的领导艺术中学到了很多。例如，仔细考虑真正的需求，缩小范围，集中精力，并进行充分沟通。对于未来的管理者，发现事物本质的能力和沟通能力是必不可少的。而且NTCNA的美国技术人员们，对于领导层传达出的这种认真的态度，也都会给予认真的回应。在技术创新方面，NTCNA 正在形成新的创新“场”。

挑战未来

在这样的情况下，山口迎来了下一个挑战。

技术创新中的一大课题是成本问题，特别是长期以来海外研发的高昂成本。但是，只要具备了足够的与市场对话的能力，就能生产出有吸引力的产品并从中获利。如果坚持技术创新，成本问题也能够迎刃而解。NTCNA 现在也面临着如何降低成本的问题。

对这个问题，山口给出的答案是，提升墨西哥的研发能力。日产在墨西哥拥有生产工厂，为了方便对该工厂生产的车型实施终身管理，日产于 1994 年在墨西哥设立了研发中心（NMEX R&D）。山口大大充实了该中心的研发力量，并开始探索建立该中心与 NTCNA 的分工机制。之后，该中心所承担的任务不再局限于对墨西哥生产车型的终身管理，还分担了部分 NTCNA 的研发任务。

这一幕似曾相识，让人不自觉地想起 NRD 成立之初的场景。NTC 通过自身的“细胞分裂”成立了 NRD，将自身的隐性知识进行了共享，并通过类型 1、类型 2、类型 3 等多种方式与 NRD 分担研发任务，构建了分工合作的工作机制。这次，NTC 的孩子——NTCNA 长大了，成了父母，开始尽心尽力地培养自己的孩子——NMEX R&D。从 NTC 开始到 NTCNA、再到 NMEX R&D，就像是一系列连锁的细胞分裂过程。不同的是，后面这个分裂过程的主角已经不再是日本人。在 NTCNA 向 NMEX R&D 的业务拓展过程中，发挥主要作用的是美国人。美国的工程师们对这一行动的热情极高。

在山口看来，“NTCNA 的美国工程师们已经完全具备了教授日产式工作模式的能力”。

在被问及做出这一判断的基础时，山口的回答十分明确。他说：“从 NTCNA 技术创新过程中所设定的各项量化指标（KPI）的完成情况来看，美国工程师们的完成程度与 NTC 工程师们不相上下。”从这一点也可以看出，NTCNA 的成长是如此显著。

虽然 NTCNA 已经具备了较强的实力，但是和墨西哥研发中心的合作并不是一件简单的事情。从 NTC 和 NTCNA 的合作关系来看，在研发过程中，双方是一种接续移交的关系，NTC 在车型研发到一定程度后，会将剩余研发工作全部交由 NTCNA，由 NTCNA 自行进行设计安排。而且在美国有大量的零部件制造商可供选择，完全可以满足 NTCNA 的研发需要。而 NTCNA 和墨西哥研发中心的关系却复杂得多。墨西哥的汽车零部件制造商数量不多，可供选择的余地很小。因此，虽然有的零部件研发权可以交给墨西哥方面，但是大多数的零件还是必须由 NTCNA 亲自设计。就这样，NTCNA 开始了与墨西哥研发中心的合作，双方之间的关系还有很多地方有待理顺。因为需要跨国统筹零部件，所以双方的磨合过程进行得异常艰难。但是，从成本角度考虑，即使这样，NTCNA 依然可以大幅降低成本，提高利润。

正如上文所述，第二次的“细胞分裂”过程是一个复杂且艰难的过程。对于复杂的事情，日本人习惯用隐性知识处理，但这可能会让事情变得更加复杂，甚至带来失控的风险。而美国人认为，将复杂的事情转化为显性的形式化的知识，这正是体现美国式工作风格中形式化和程序化的真正价值所在。

当然，山口也在密切观察着这些美国工程师的一举一动。在看到他们将日产式工作风格加以变通，把责任和标准以目录化的形式展现出来，让墨西哥人更容易理解时，山口感到非常欣慰：“这种复杂的情况还是借用美国人的智慧比较好。”

另外，更让山口感到欣慰的是，美国人在教导墨西哥工程师时，借鉴了当初 NTCNA 培养人才的做法，把 NTCNA 最优秀的人才送到墨西哥，并大量派遣墨西哥的工程师到 NTCNA 实习。这是山下、石田、今井、大久保等前辈们艰辛摸索出来的正确道路，如今在美国工程师手里得以传承。

众多前辈的辛苦探索，保障了日产隐性知识的不断充实，如今，这些隐性知识正在被传承。

日产的海外研发，除了带来隐性知识的传承以外，还在世界范围内找到了很多可以产生共鸣的朋友。想到这里，日产 20 多年的海外研发历程又清晰地一幕幕呈现在山口眼前。

第二部分

世界の知で創る

欧洲的研发战略——多元化精神

第五章

世界の知で創る

艰巨的挑战——在汽车发源地欧洲的车辆研发

遥遥领先的汽车发源地——欧洲

本书第二部分讲述的是日产欧洲技术中心（NTCE）的故事。欧洲的汽车产业发展情况与美国大相径庭。如果在汽车发展史中，美国的三大巨头带给世界的是汽车的大众化、大型化以及粗犷的驾乘感受，那么欧洲各国的汽车生产商留下的则是汽车的高速化、小型化、技术创新以及品牌化，而且他们将各自国家的国情融入汽车设计及驾乘感受之中。在世界上，德国的奔驰、宝马、奥迪、保时捷就是高级车的代名词，人们可以在高速公路上驾驶这些品牌的汽车享受极致的驾乘体验。而大众、欧宝、欧洲福特等品牌虽是平民车型的代表，但也能带来绝佳的行驶感受。英国也曾创造诸如捷豹、路虎、Mini、劳斯莱斯、阿斯顿·马丁等一系列传承英国传统的优秀汽车品牌。而在法国，雷诺、标致、雪铁龙等汽车品牌以其前卫的设计和舒适的驾乘感受而广受好评。意大利则将罗马时代以来所培养、积淀的审美情趣融入车辆设计中，诞生出了诸如菲亚特、阿尔法·罗密欧、蓝旗亚、玛莎拉蒂、法拉利和悍马等充满艺术气息的汽车品牌。在欧洲，汽车制造厂商将各国的传统文化与技术紧密结合。日本车其实在欧洲市场站稳脚跟的时间并不长，其切入点是品质和价格。在欧洲，日本车给人的印象就是既没有什么大的缺点又没有什么亮点，性价比极高。

在美国，擅长制造小型汽车（如卡罗拉、思域、Sentra 等）的日本汽车制造商可以和擅长制造大型车的三大巨头分庭抗礼。日本汽车之所以能够顺利地打入美国市场，是因为其迎合了加利福尼亚州等地的年轻人的文化。现在日本车在美国市场的占有率达到了 41.2%（2005 年日本汽车工业协会调查）。正如上文所述，以泰坦等全尺寸皮卡和中型轿车 Altima 为代表，包括丰田普锐斯和雷克萨斯等在内的日本车在美国市场占据了较大的市场份额。而在欧洲，其汽车制造商同样擅长制造小型汽车，而且所制造的车辆还以当地的传统文化为支撑。日本车要想竞争，只能依靠品质、成本和配置。但对于喜欢汽车的老道的欧洲人来说，仅靠这些是不够的。因此，彼时，日本车在欧洲市场的销售份额也依旧不尽如人意。

但是，日本车在欧洲所面临的形势也在悄然发生改变。这个改变的开端就是1990年发布的日产霹雳马（P10）车型。霹雳马是日产在欧洲推出的一款运动轿车，该车标榜的是“高速公路上极速且舒适的驾驶体验”，被誉为“汽车中的战斗机”。该车获得了欧洲汽车年度风云榜第二名的优异成绩，这是日本车首次进入该榜单。紧接着，到了1993年，日产玛驰，在欧洲叫作Micra（K11型），摘得了年度风云榜的桂冠，刷新了霹雳马创造的最好成绩。也是在这一时期，以并行输入[①]方式引入欧洲的天际线[②]——日产公司供于北美市场的一款中级车，是英菲尼迪G系列的前身——2001年第十一代SKYLINE下线后全系更名为英菲尼迪G销售（北美地区仍称为SKYLINE，中国市场的英菲尼迪G就是日产的SKYLINE的换标产品），其GT-R（R32型）也赢得了欧洲汽车消费者们的青睐。2007年，日产发布了技术领先并获得世界认可的新款GT-R，成功地延续了这款车型在欧洲的辉煌。

与美国一样，欧洲也是汽车产业发达地区，这里既是技术和创新的宝库，也是品牌激战的战场。在这里学习、超越并获得认可，是日本汽车技

① 不通过代理商直接从原产国或第三国进口的方式。该种方式在1972年获日本官方认可，因此采用这种方式引进的商品与水货不同，不属于违法物品，但在售后服务方面可能存在问题。——译者注

② NISSAN SKYLINE（天际线）。——译者注

术人员的夙愿。在日产公司，不管是高层还是年轻人，几乎所有人都有这样一个梦想，那就是研发一款真正具有欧洲风味的汽车，打破欧洲消费者对日本车便宜、耐用的固有认识。当初决定在美国设立研发中心的社长久米和副社长兼研发负责人园田等人正是这种想法的坚定支持者。20 世纪 80 年代后期，久米为了实现日产的全球研发战略，提出了销售全球化、生产本地化、研发本地化和管理本地化的四步战略。而销售全球化和生产本地化这两步已经达成。之后，日产将把工作重心转向世界各地的车辆研发工作。要让世界各地的生产工厂全力运转，就必须设计研发出适合各地需求的畅销车型。要实现这一目标，“与市场的对话能力”和“将日产的工程资源（技术人员和零部件制造商）推向全球”这两件事情至关重要。“将自身局限在日本，会有太多搞不懂的事情，而且仅仅依靠自己的力量弄懂一切也不现实。”将研发业务拓展到欧洲，充分利用日产的技术研发一款真正适合欧洲、能在欧洲市场一决胜负的好车，这是日产根据市场规律做出的必然选择。

此后，久米明确将 1990 年定位为日产的“全球元年”。有了研发全球化的远大目标，日产将研发中心拓展到全球只是时间问题。1988 年 4 月，设在普利茅斯临时办公场所的 NRD 开始运营。一个月后，也就是 1988 年 5 月，日产又在欧洲建立了研发中心——日产欧洲技术中心（NETC）。美国和英国的研发中心开始齐头并进，同时启动了项目研发工作。

推进欧洲技术研发中心成立的契机是日产英国工厂（NMUK）面临的零件本地化问题，而二代特兰诺的研发项目则极大地加速了这一进程。

英国工厂与日产 DNA

关于日产欧洲研发中心设立的故事可以追溯到 20 世纪 80 年代后期，与 NRD 的设立在同一时期。NETC 的设立经历了怎样的过程？其承担的使命与任务是什么？解答这些问题，就要从位于英格兰东北部地区桑德兰市的日产汽车制造工厂的故事开始说起。

20 世纪 70 年代后期，日产在社长石原敏夫的领导下，开始探索设立欧洲生产基地，意图打入这一仅次于北美的汽车市场。但是，EC（欧洲共同体，现在的欧盟的前身）对新的投资设定了各种门槛，导致日产的投资计划很难进行。因此，日产将目光投向了西班牙。当时的西班牙正在积极申请加入 EC，并为了这个目标而积极引进外资。日产选择通过注资西班牙伊比利亚汽车公司（Motor Iberica）的方式打入欧洲。伊比利亚汽车公司于 1920 年成立，当时是福特的子公司，其公司历史比日产悠久。1967 年，该公司注资加拿大农业机械制造企业麦瑟·弗格森机械公司（Massey Ferguson），并继续生产农业机械和汽车。日产通过收购其股份将其纳入麾下，并依托该企业成立了日产伊比利亚汽车公司（NMISA）。1980 年，该公司开始生产四驱越野车“途乐”（在日本该车型叫作 Safari）和商务面包车“瓦内特”。

在此基础上，日产还在欧洲继续寻找其他的合作生产基地，并相继与意大利的阿尔法·罗密欧汽车公司和德国大众汽车公司开展了合作。直到 20 世纪 80 年代初，日产才决定建立日本汽车制造商在欧洲的首个独立的生产基地。1984 年，日产成立了日产英国汽车制造公司（NMUK）。

当时，英国的第二产业出现严重衰退，失业问题非常严重，为此英国改变了国家政策，试图通过引进外资振兴制造业。日产公司正是应英国政府的邀请而做出了进军英国的决断。

日产最终选择桑德兰市郊作为其初次进军英国的落脚点。桑德兰市是英格兰东北部重要的港口城市，毗邻纽卡斯尔市，离苏格兰很近。日本汽车制造商首次进入英国，这件事情在英国引起了广泛关注，英国民众对此事也持欢迎态度，但他们对日产的选址表示惊讶。无论是过去还是现在，英国汽车产业的大本营都在以伯明翰、考文垂等工业城市为中心的英国中部地区，大部分的汽车零部件制造商也都集中在该区域。这里拥有足够多的优秀技术人才和熟练技术工人，是设立汽车制造厂的最佳场所。正因如此，英国民众们普遍认为日产也会在这附近设立制造工厂。

至于日产为什么会选择桑德兰为生产基地，后来成为 NMUK 首任英国籍社长的伊恩·吉布森（后任日产欧洲的社长、日产首位外国人常务执行董事，获英国爵士封号）回顾当时的情况时说道："当时的日产高层非常在意的一件事是品质问题，他们十分担心在英国制造的车辆能否达到与日本制造相同的品质。但之所以没有选择英国中部，主要是基于他们对英国恶劣的劳资关系的担忧。"

在进行厂址选择的可行性研究时，日产认为把 NMUK 设在桑德兰可以减弱英国激进工会带来的不利影响。但另外，他们也担心桑德兰无法提供足够的熟悉汽车制造的劳动力，继而影响产品质量和生产效率，导致无法生产出与日本同等水平的产品。但结果是，在该市建立制造工厂取得了巨大的成功。如今，NMUK 被认为是日本公司在英国设立工厂的最成功范例。

日产希望建立稳定的劳资关系，以此来维持工厂的稳定运作。以人为本的日产，认为稳定的劳资关系是高生产率和高品质的基础。最终他们明确了发展方向，即以选址桑德兰为前提，将工作重心转向如何吸引和培养优秀的技术人员上。NMUK在当地雇用的大多数人基本上都是没有汽车制造经验的年轻人，所以公司必须从零开始对他们进行技术培训。为此，NMUK聘用了吉布森和人事负责人皮特·威肯斯等人为公司的高层。这些人都有一个共同点，就是强烈地想要建立新的劳资关系，重建英国制造业，完成这一迄今为止还没人做到的事情，同时他们也都具备了灵活使用人才的管理能力。日产特意让这些被聘用的高层学习了日产的劳资关系以及实现高生产率和高品质的日产式工作方法。之后，日产以他们为中心，辅以少数的日本派遣人员，研究并提出了能够在英国通用的生产方式及劳务管理方式，并由这些人来推动人才的培养工作。之后，NMUK精心挑选并聘任了新的工程师和技工，他们都是勇于挑战未来的、具有灵活性和想象力的人，并且这些新聘的人员都能够积极地接受日本式的制造风格，不拘泥于现有经验，也不固执己见。另外，日本派遣人员也十分尊重吉布森和威肯斯等人的经验和知识，并积极地将之加以运用。

吉布森在分析当时的情况时说道："当时的日产采取了一种非常明智的做法。日产没有单方面地采用日本或英国任何一方的做法和思维方式，而是综合考虑了各自的优点，将其结合。制造工厂的建设，既需要依赖有经验的日本人，也需要依赖少数老练的英国人。因此，日产需要想方设法在他们之间营造一种互相学习、取长补短、共克难关的良好氛围。而如果在传统的英国汽车工业的大本营设立工厂，有经验的英国人和日本人之间肯定不会有这种从零开始、虚怀若谷的互相学习精神。"

就这样，NMUK迅速地培训了这些从当地雇用的新人，并正式投入运营。从正式投产的初期，NMUK就将一些适合担任领导职务的人才派到日本接受培训。在将这些人派往日本时，NMUK 的第一任社长土屋利昭告诉日本方面："我希望你们不要对他们进行囫囵吞枣似的教育。相反，我希望他们能有机会充分地观察你们在做什么，能够真正地体验到日产式的汽车制造。"同时，土屋向被派遣的英国工程师和管理者们也传达了同样的信息。

> 你们的任务是调研日本的做法，以此为基础制作 NMUK 自己的工作指南。回国后，希望你们能根据这份指南，对你们的部下进行培训。这是你们去日本最优先也最重要的工作。

这些英国人和日本人一起，在日本的工厂工作，在体验、学习了日本式的产品制造后回国。之后他们以日本为"范本"，将日本的经验技术形式化，制作成了工作指南。通过这种方式，技术经验转变成了他们自身难以割舍的财富。如果在日本他们只是单纯地接受课堂教育，就不会取得这样的效果。

这些曾被派往日本的英国人在把日本的经验技术总结成工作指南后，开始对英国年轻技术人员积极进行培训。同时，这些年轻的技术人员也为能在汽车制造工厂工作感到高兴，他们就像干燥的沙子吸收水分一样，孜孜不倦地学习着汽车制造的知识。顺带一提，1990 年时，NMUK 员工的平均年龄是 27 岁。而如果只统计一线技术人员，平均年龄会更小。就是这样的一群年轻人支撑起了初期的 NMUK。

这些做法再次体现了 NMUK 博采众长的基本精神以及始终以当地为主导进行组织建设的思想。不是采用哪一方的做法，而是建立一个可以充分发挥主体间互动关系的"场"，接着便在其中一边进行知识交流，一边挑选好的做法加以使用，这就是NMUK所谓的“多中选优、择优而用”精神。之后，这种精神将根植于NMUK基因深处，成为一项优良传统。再之后，这种精神也被作为欧洲研发中心的NETC所继承，成为支撑NETC发展的根基和文化。英国研发中心重要的精神根基就此形成。

1986年7月，日产英国工厂终于建成，拥有员工410人，并开始生产“蓝鸟”车型，月产量2000台左右。所谓“蓝鸟”，就是当时在日本被称为“Auster”（1985年发售的T12型）的车型，该车型在欧洲被固定为五门掀背轿车[①]。9月8日，以时任英国首相撒切尔为首的众多英国政府官员出席了该工厂的开业仪式。英国政府、桑德兰市政府及社会各界都对该工厂充满了期待。

和英国政府的约定

日产英国工厂设有PD（Product Design，设计部）部门。日产NTC派遣了资深工程师宫岛茂树等少数研发技术人员支援该部门。宫岛茂树的妻子是英国人，他本人是日产内部的欧洲通。这一部门的主要业务是在包括英国在内的EC区域内订购和采购零部件，也就是零部件的本地化。这是日产对其在欧洲生产汽车的供应链的重新构筑。至于在当地采购零部件为何需要研发技术人员，这个问题已在第一部分中进行了阐述。1988年前往英国设立NETC，并成为NETC首任社长的植村齐曾有如下表示。

在日本研发设计的汽车在海外的工厂进行生产，并不像想象得那

① 与之相对，该车型在日本有4门敞篷、4门硬顶和5门旅行车等多种版本。——译者注

样简单。比如，日本和国外的铁板规格和螺丝规格都不一样。如果在不考虑这些差异的情况下，将国外的铁板应用于基于日本规格设计的图纸上，生产出来的汽车重量会异于设计重量，很可能导致所生产车辆无法满足设计性能的情况出现。因此，为了替换掉这些存在差异的当地零部件，在研发阶段就必须采取相应的措施。另外，要维持日产汽车的风格，就不能采购一些通用的零部件，而是必须让当地的零件制造商按照日产的设计意图制作专门的零部件。这就是研发部门要做的工作。

实际上，当时 NMUK 面临的主要问题，除了上述的品质和工厂生产率的问题之外，还有就是零件的本地化问题。在日本汽车制造商的本地化生产飞速发展时，欧美各国为了保护本国的产业，在本地零部件占比（当地零部件供应率）上设置了严格的标准，规定了在当地生产的车辆必须在一定程度上使用当地的零部件。这是一个必须面对的问题，尤其是在英国这个产业政策根深蒂固的地方。

在 NMUK 开始生产时，日产也正在和英国贸易和工业部进行协商。一般来说，引进外资的目的是确保就业、获得外汇以及促进技术和产业发展，但英国政府最为重视的还是技术和产业的发展。虽然当时英国贸易和工业部已经不再考虑重建汽车产业问题，但是英国国内还有很多优秀的汽车零部件制造商，这一产业是他们无论如何都想保住的。

英国方面提出："虽然 EC 的本地化占比规定针对的是整个欧洲共同体区域，但我们还是希望 NMUK 能优先考虑从英国国内的零部件制造商那里采购零部件，而不是从整个 EC 地区采购。如果你们认为英国国内采购确有困难，可以通过由英国的零部件制造商提供技术支持和技术合作的方式应对。如果还是不行，可以让日本的零部件制造商以注资的方式参与进来。如果这样也达不到要求，我们欢迎日本的零部件制造商进驻英国。如果这些措施都不能解决问题，从EC区域其他国家的零部件制造商那里采购就是没办法的事了。在这种情况下，英国政府也会接受并支持来自国外的零部件供应。”日产被要求配合这项产业政策。并且，英国贸易和工业部对日产的本地化采购金额做了要求，日产必须达到本地化采购金额占比不低于45%的目标。日产想要在英国设立生产工厂就必须接受这一要求。

话虽如此，零部件的本地化并不是一件简单的事情。在日本，日产和零部件制造商建立了共同研发体制，双方基于批准图方式进行零部件的设计和生产。日产通过采购这些零部件制造商的零部件来生产汽车。和美国一样，英国的零部件制造商对批准图方式也完全不熟悉。NMUK首先要做的就是对英国的零部件制造商进行培养和评估，让他们理解日产的零部件制作规则。这是他们所必须具备的能力。要实现这一目标，必须从零部件产业的基础设施着手。这不是一件容易的事。

美国NRD在CR项目研发过程中，可以通过福特的采购部门获得福特公司内部零件制造部门以及他们海量的零部件供应商的支持。而且在美国，还有大量的日本零部件制造厂商进驻，这些厂商对批准图方式早就习以为常，NRD也可以从他们那里进行本地采购。当时，以日产为首，本田等日本汽车厂商相继进军美国，而日本零部件厂商几乎同时也大举进军美国，为日本汽车厂商保驾护航，所以才让NRD的零部件本地采购成了可能。但是，在当时的欧洲，NMUK完全无法期待日本零部件厂商的帮助，也没有作为合作伙伴的欧洲制造商的帮助。此时，丰田和本田都还没有进军欧洲，日产在英国完全是孤军奋战，他们从日本零部件厂商那里得到的支持微乎其微。

因此，拥有图纸安排权的NMUK设计部门别无选择，只能深入当地，与当地的零部件制造商进行谈判，并从中选定合作对象。这一方式后来被延续到了NETC。NMUK设计部门拥有图纸安排权，这一点与日产美国士麦那工厂有很大的不同，也从侧面反映出在英国实施零件本地化供应的难度和重要性。在美国，大量的日本零部件制造商进驻，因此即使由NTC来安排图纸也不会遇到问题。但在尚未建立完善合作体系的欧洲，由NTC掌控图纸安排权与地方零部件制造商进行磋商困难重重。

NMUK的设计部门起初考虑的是直接使用日本NTC制作的设计图，并按照图纸在本地采购零部件（照搬教条管理），但是在实际操作过程中遇到了各种各样的问题。例如，他们有时无法采购到与日本国内相同的材料，或者要获得与日本国内同样的材料会导致成本增加到一个不可接受的程度；而且NTC图纸中螺丝等的尺寸计量单位是米，而在欧洲所采用的计量单位是英寸[①]；此外，当地零部件相关的法律法规、质量标准、安全标准等与日本也颇为不同。迫不得已，NMUK只能根据当地情况校正和改进日本NTC的图纸（随机应变管理）。原则上，日产汽车是由符合日产标准的零部件组装而成。但是，如果在欧洲无论如何也采购不到符合日本标准的零部件时，则需要随机应变管理。本地采购比例越高，出现这种情况的概率就越大。在无法解决当地零部件与日产汽车标准之间的矛盾时，拥有图纸安排权的NMUK设计部门会视情况做出决断，并批准相应的设计图改动。到了这个

① 1英寸=2.54厘米。——译者注

阶段，本地化研发和设计的工作量会显著增加，仅靠本部门的欧洲工程师根本无法应付。所以，在实际操作过程中，他们大量借用了当地工程公司和 NTC 的力量。

在 NTC 内部，随着对欧洲情况的深入了解，大家强烈意识到有必要将更多的设计工程师送往欧洲，支持 NMUK 的发展。这是 1988 年 NETC 成立的契机。因为上述各种问题，所以在此后成立的 NETC 中，零部件的本地化就成为一项重要任务。NETC 对零部件本地化工作的重视程度要远远高于美国 NRD，这也成了其重要特征。

之后，促使 NETC 设立的一个关键车型的研发正式启动，这款车就是初代霹雳马（P10 款）。日产决定在 NMUK 生产霹雳马，并将其产能从最初的每年 10 万辆提升到每年 30 万辆。在欧洲这个竞争如此激烈的市场中，要实现年销量 30 万辆的目标，研发出一款能被欧洲市场所接受的战略车型至关重要。此前生产的蓝鸟是一款主要面向日本市场的车型，而研发霹雳马的出发点则是打造一款“真正面向欧洲的战略车型”。

NMUK 生产霹雳马的过程中还有一个大的障碍，就是必须立即将霹雳马的零部件本地采购率提升到 80%。这是一项按照 EC 规定取得原产地证明的硬指标。如果不能满足这项指标，即使霹雳马是在英国生产的，也无法在 EC 区域内销售。对比美国的实际本土采购率只有 20% 左右，就可以看出要达到这一目标绝非易事。

按照 NMUK 之前的本地化采购程度，达到 80% 的比率是不可能的。要实现这一目标，必须实现发动机以及悬架等基础零部件的本地化。因此，在 NMUK 正式生产霹雳马之前，充实在欧洲的基础设施就成了日产面临的一项紧迫课题。

欧洲战略车型霹雳马登场

这里就必须先介绍日产对霹雳马这款车的热情。

当时，欧洲被认为是仅次于北美的重要市场。但是，日产实际上并没有一款车型是以欧洲市场为主要目标专门研发的。他们只是把面向日本及美国市场研发的车型改头换面后投向欧洲。当时，日本车在欧洲市场上虽然以其价格和质量优势获得了一定的市场份额，但在欧洲人最为看重的操纵性能和高速性能方面，日本车缺乏优势，所以日本车并没有进入欧洲市场的主流。日本车在欧洲采取的战略是突出价格低、质量好的性价比优势，相对不重视技术性能，只要车辆总体性能尚可即可。通过这种战略定位，日本车成功地在欧洲市场占据了一席之地。

但是，日产为了和 NMUK 一起在欧洲站稳脚跟，深感必须首先从汽车制造的根本——研发方面努力。他们决定大幅度改变战略方针，并着手研发一款在性能方面也能与传统的欧洲车正面竞争的车型，这就是霹雳马诞生的背景。

担任霹雳马研发项目负责人（产品主管）的是津田泰久。津田颇具学者气质，能说一口流利的德语，很受 NTC 年轻人的欢迎。津田等人敏锐地意识到，要想与欧洲主流车型正面竞争，所设计的车辆必须具备出色的高速行驶性能。在日本，高速公路限速 100 千米 / 小时，所以车辆不可能长时间以 150 千米 / 小时以上的速度行驶。而在 Auto-bahn① 和 Autostrata② 上，保

① 德国高速公路，欧洲各国对高速公路的称呼不同。——译者注

② 意大利对高速公路的称呼。——译者注

时捷和法拉利等车型会以近 200 千米 / 小时的速度穿梭。所以在欧洲，即使是小型汽车的研发，也以这样的高速行驶环境为前提。在此之前，日本车在研发设计过程中，更注重的是乘坐舒适度、车辆配置、耐用性等，并没有意识到高速性能的重要性。因此，在霹雳马的研发中，日产必须迅速提升自己在这方面的技术能力。

为霹雳马车型的技术创新提供支撑的是当时在 NTC 内引起巨大反响的"901 运动（P901）"。这一运动的发起者是宫田进（后任 NETC 社长、日产常务董事）。宫田是 NTC 底盘研发部门的负责人，自进入日产以来，他一直致力于车辆的高速性能研究。宫田向所在部门的工程师们提出了"到 1990 年，日产汽车的驾驶性能要达到世界第一"的宏伟目标。为了重建日产汽车的吸引力，日产将他的这一目标上升为日产的一项正式课题，那就是P901。不仅是底盘部门要实现世界第一的目标，NTC内包括引擎、悬架、操控等各个研发部门都提出了要在 1990 年掌握世界领先研发技术的目标。实际上在 20 世纪 80 年代中期，日产在日本国内市场的占有率逐年下降，与丰田之间的差距在不断扩大，而本田的上升势头也颇为惊人。夹在两个强劲竞争对手中间的日产日渐式微。NTC 集合了全部力量，期望研发出一款能够消弭这些不利影响的汽车。当时日产的研发部门拥有超过 9000 名员工，却因为忙于各种车型的研发工作，研发部门内部官僚化现象日益严重。因此，研发部门内部被逼展开了一场思想意识改革，反思"自己为什么进入日产公司，想要制造出什么样的汽车"。

NTC 内本来就集合了大量的优秀工程师，因此改革马上就见到了成效。他们成功研制出了 SR20DE 型发动机以及多连杆式前悬挂，这些成果都被用在了霹雳马上。也正因如此，霹雳马被当时的汽车工程师们寄予厚望。

霹雳马没有辜负他们的期望，在欧洲市场和日本市场上都获得了很高的评价。特别是在欧洲，霹雳马获得了欧洲年度风云车型的第二名，这是日本车首次获得该奖项。顺带一提的是，与霹雳马一同因 P901 运动而受益的另一款车是天际线 GT-R（R32 型）。这也是此款备受汽车迷们期待的经典车型时隔 16 年后再次复活[①]。GT-R 是一款搭载了 2600 cc（2.6 L）直列六缸 DOHC 双涡轮增压发动机（RB 26 DETT）的四驱车型，并因其超过法拉利的改装潜力而备受赞誉。霹雳马和天际线 GT-R 几乎在同一时期发售，这是日产首次推出驾驶性能堪比欧洲汽车的车型，同时也向全世界宣告了“快速的日产”时代的到来。

为了霹雳马这款备受工程师们期待且令大家感到激动的车型能够在 NMUK 正式投产，日产必须面对零部件本地采购率不低于 80% 这道门槛。这是一项前所未有的挑战。

负责霹雳马设计的坂井滋（上文亦有提及，他也是 TK 项目的研发负责人）回忆当初的情况时说道：“当初，我们也讨论过在 NTC 完成零部件的研发和设计后拿到生产现场使用的方案，但是时间就不够了。另外，如果设计出来的零部件不符合当地通用零部件的规格和尺寸等，最终还要特别订购，这样会提高成本。”

坂井在研究了各种各样的方案后，决定让英国的研发团队更深度地参与项目研发，挑起更重的担子。

此时，日产开始研究与英国本地零部件制造商的合作研发在实现零部件本地化过程中的真正价值。NMUK 设计部门与当地录用的英国工程师

---

① 1972 年，日产推出了 GT-R C110 车型，之后推出的 C210 车型将代号改为了 GT-EX，这也标志着 GT-R 这款经典车型的暂时消失，直到 R32 车型的推出才恢复了这一经典代号。——译者注

们一起，一边寻求当地工程公司的支援，一边寻求更多符合条件的当地零部件制造商的参与，以便更好地进行设计安排。在霹雳马正式投产之前，NMUK 必须要建立一个庞大的供应链。

正如上文所述，在欧洲，NMUK 想要得到日本零部件厂商的支援是不可能的。而在年产量不足 20 万台的情况下，欧洲顶级的零部件制造商也不可能马上答应日产的合作请求并引入日产式工作方式。

在处处碰壁的情况下，要想杀出一条通路，首先要做的就是让当地的零部件制造商们亲赴日本，了解日产式的研发流程。同时，让他们通过对 NTC 进行实地考察，加深对批准图方式的理解，并与 NMUK 设计部门磋商零部件制造的合作事宜。再者，在研发周期方面必须争取当地零部件制造商的理解，因为当时日本的车辆研发周期普遍比欧洲短一年以上。

出乎意料的是，对日产的研发方式感兴趣的零部件制造商非常之多。在英国汽车产业长期低迷的情况下，英国的零部件制造商也为日产进军英国感到高兴，并迫切希望日产能够找到应对方法。对于日产来说，这种热情是一种极大的帮助。

在研发推进过程中，NMUK 的英国工程师们还有当地的零部件制造商们都不熟悉日产式的研发方式，带来了不少麻烦。但是，日英双方的知识综合一直在持续不断地进行着。例如，日产在开始制作图纸之前，会先制作设计构想书。在霹雳马项目研发过程中，设计团队第一次尝试了制作英文版的设计构想书。当时，在研发现场有很多第一次使用英语工作的人，与外国人打过交道的人只是少数。因此，对于 NTC 的日本工程师来说，文化上的冲击不亚于幕府末期的黑船来航事件[①]。最开始时，语言问题带来的困扰很大，有时工程师们即使只是打一个电话，就因为沟通不畅而手足无措，只能干着急。但是，工程师们有着实现预定目标的共同理念，并积极地克服了种种困难。半年之后，这种困扰就一击即溃，烟消云散了。

出发，向汽车发源地欧洲进军

为了解决进军欧洲过程中零件本地化这个最大难题，日产以此为契机，于 1988 年 5 月成立了日产欧洲技术中心（NETC），这也是现在日产欧洲技术中心（NTCE）的前身。

为设立 NETC 而积极奔走的核心人物是植村齐。

植村是第一代 Fairlady Z 的研发负责人，他曾于 20 世纪 70 年代在比利时布鲁塞尔技术事务所工作过 4 年时间，全面调查过欧洲市场的实际情况。回国后，他负责统领所有海外车辆设计部门以及在海外工厂生产的车型设计工作。1982 年，随着 NMUK 的成立，他加入了可行性研究小组，担任设计代表。就这样，植村一直从事着与欧洲有关的工作。在成了一名海外通的同时，他也经历了各种各样的困难局面，是一位敢于迎难而上的、刚毅的领导。在日产决定成立 NETC 后，植村立即赶到英国，筹备设立 NETC 的诸项事宜，比如企业注册等。在 NETC 正式成立的同时，他也成了该公司的第一任社长。

当时由于日本汽车产业的攻势日渐猛烈，贸易摩擦也变得越来越严重，

① 黑船来航事件是指 1853 年美国以炮舰威逼日本打开国门的事件，该事件对日本及其国民的影响极其深远，强烈冲击了日本本土文化，或者说加强了耻感文化的积淀。——译者注

各国对本地生产产品（零件的当地采购率）都有严格规定。为了解决这个问题，海外的生产基地要求大幅增加研发技术人员。NETC 也可以说是为了应对这一局面而被迫设立的，但研发部门人员的内心则希望建立一个真正的研发中心，以便在当地研发针对本地市场的汽车。

1987 年 2 月，日产和福特的小型货车共同研发项目正式被确定下来，之后，大久保宣夫、中村幸纪等人按照当时的副社长园田善三的指示，开始研究北美的研发体制。虽然这是与 NRD 的海外研发有关的事情，但是接下来，在园田的指示下，成田隆平、今井英二等人开始讨论欧洲研发体系的具体方案。园田打算以 CR 项目为契机，一鼓作气，为建立日、美、欧三足鼎立的研发体制打下基础。正如上文所述，社长久米也有同样的想法。他们都有一个共同理念，就是要成为一家全球性的汽车公司，必须要建立与各国市场直接对话的研发组织。虽然已经在美国先行实践了这一理念，但园田并未就此满足，他心中已经刻画好了具备海外研发能力的海外研发组织的理想蓝图。之后不久，NMUK 便面临事关其能否走上正轨的零部件本地化体系扩充问题。于是，园田打算趁此机会，将在心中酝酿已久的海外研发组织的理想模型付诸实践，推动 NETC 的设立。

为了将欧美研发基地的理念落到实处，日产组织了两个工作团队，分别研究应该建立怎样的组织框架，以及组织应发挥的功能和作用。在欧洲，工作团队对比利时的布鲁塞尔以及德国、法国、英国等国的候选地区进行了详细调查，并针对各候选地区的调查结果进行了反复论证，最终提出了在伦敦郊外设立欧洲研发中心的方案，研发中心内部按照该提案，最终敲定了 NETC 的选址。研发部门的想法是，从长远来看，欧洲研发中心的设立并不仅仅是为了支援 NMUK 的零部件本地化工作，而是要在欧洲进行真正的汽车研发。因此，汽车产业基础设施完备、来往欧洲各地交通便利的伦敦郊外便是最佳选择。

但是，NETC 成立之初，其首要任务还是确保日产战略车型霹雳马的成功投产。为此，他们必须要与 NMUK 一起拓展和选择当地的零部件制造商，进行彻底磨合，并确保零部件的高质量生产。而且，在生产现场进行研发至关重要。尽管大家对研发地点的选择存在一些争论，但为了日产的整体利益着想，他们最终决定将研发地点设在 NUMK 位于桑德兰的生产工厂内。后来，这一决定对研发部门产生了出乎意料的影响。

此时，NTC 的工程师中村公泰（现东风日产总裁）被日产派往 NETC 任职。中村进入日产后，一直是今井的部下，并参与了玛驰和蓝鸟两款车型的技术研发。他是一位极具才华的年轻工程师，而且非常有活力，为人开朗，待人热情。

在蓝鸟的研发告一段落后，今井突然来到中村的办公室，并向他询问道："您夫人是英文系毕业的吧？"

中村答道："对，是的。"

"为什么要问这个问题呢？"正当中村感到疑惑的时候，他接到了"前往英国"的调令，被任命为霹雳马项目零部件本地化问题首席协调员，而且他的目的地并不是 NMUK，而是 NETC。

1988 年 7 月，中村出发前往英国。在桑德兰的临时办公室内，他一边协调霹雳马的本地化工作，一边为 NETC 的组织构建积极奔走。当时的中村 32 岁。他在回忆当时的情况时说道："在一间漏雨的临时办公室里，我几乎承担了所有的事情，从霹雳马的研发，到当地工程师的录用面试，甚至对日本派遣员工的孩子上学问题都要操心。前来应聘的当地工程师中，甚至有和我父亲差不多年纪的资深工程师，这让我很吃惊。当时英国的汽车工业正处于没落时期，CAD 在英国还没有普及，当时都是一些拿着铅笔、尺子和圆规的工程师辗转不同的工作岗位。在这样的情况下，我只能寄希望于从这些人中选拔出一些优秀人才。”

此时，包括中村在内的 8 名技术人员从日本赶来支援 NETC。加上社长植村、宫岛等原先就隶属于 NMUK 设计部门的 4 人，NETC 一共拥有 12 名日本员工。此外，NETC 还从 NMUK 设计部门调来了 114 名在当地雇用的优秀工程师。这其中首屈一指的是肯·福克斯利，之后他将长期负责设计管理工作，并建立了 NETC 的管理系统。还有一直以来负责人事工作的伊恩·巴罗以及目前仍然活跃在管理岗位上的大卫·瓦德尔。不久之后，NMUK 设计部门被整合进了 NETC。就这样，NETC 开始了发展之路。时至今日，他们已经经历了 30 多年的风风雨雨。之后，以前这些人为核心，NETC 又从当地新聘用了大量工程师。NETC 的人员力量大大增强了。

最先对 NETC 产生影响的是与他们处于同一地区的 NMUK。在 NMUK 时代，大批优秀成员被录用并创造了 NMUK 的企业文化。在此之前，NMUK 在英国方面的负责人吉布森、人事负责人威肯斯以及日本方面管理部门负责人森山宽（后任日产副社长）的领导下，创造了在英国少见的日英融合式的企业文化以及成熟的劳资关系。这与英国普遍存在的英国式信条（doctrine，保护个人既得权的专业领域至上主义）、管理层与劳工层的敌对关系、白领与蓝领的阶级差距、企划财务优先主义、职务规定至上主义等僵硬的企业文化完全不同。这是一种以团队合作、平等主义、现场主义为主导的企业风格，突出了品质为上的理念。这一文化的根源是日英双方人员取长补短、互相借鉴学习的精神。这一点从土屋、吉布森等人的态度中可以清晰地感知到。

以福克斯利为首的 NETC 的英国工作人员们，也认为英国传统汽车制造商的现有文化有其局限性。NMUK 所展现出的企业文化完全契合了他们对这一问题的认识。他们决定继承 NMUK 的这种文化，并就 NETC 应该怎样做进行了认真探讨。以人事管理负责人巴罗为中心，“我们举行了很多次现场会议，讨论应该如何构建 NETC 的企业文化，以及公司的愿景和价值观是什么”。

通过这种讨论，他们得出的结论是，NETC 需要秉承的企业理念是保证客户满意，保持灵活性、平等主义，自下而上永不言弃的精神（“Never compromise spirit”）等。后来这些词条被总结归纳成 NETC 的处世哲学。之后，NETC 在应对各种困难局面的过程中，对这一哲学进行了实验和完善。以从 NMUK 那里学到的日英互相借鉴精神（“择优而从”）为基础，NETC 逐渐归纳总结出了自己的企业文化。这也是 NETC 没有选择去伦敦而是来到桑德兰生产现场的最大收获。通过物理“场”的共享，NMUK 培育的组织文化，作为一种隐性知识被成功移植到了 NETC。

与当地工程师齐心协力

在霹雳马的本地化方面，NETC 的日本技术人员和以英国人为主的当地工程师，以及一些从逐渐没落的英国汽车制造商中离职的技术人员们所设立的工程研发公司发挥了重要作用。和在美国的战略一样，日产在欧洲的研发工作也不单纯依赖日本人，而是积极利用当地的人才，同时也积极激活当地的工程公司。在欧洲，一些继承了传统汽车公司储备知识以及优良传统的工程公司发挥了应有作用，这一点也是日产在欧洲的研发工作与在美国的不同之处。

在 NMUK 设计部门成立之初，日产从伯明翰和考文垂等地录用了一批从路虎、沃克斯豪尔（GM）、欧洲福特等英国汽车制造商出来的工程师。NETC 设立后，这些工程师全部被收编。他们掌握了传统的英国汽车产业的相关技术知识，是一群极其优秀且拥有很高觉悟的人。另外，在经历过英国汽车产业的衰退后，他们也感受到了英国汽车行业的局限和闭塞。英国较早进行了工业革命，和德国、法国、美国等国几乎是在同一时期建立了汽车产业，有着深厚的历史积淀和产业传统。这一传统也正因为太过厚实，很难被打破，而僵化的管理模式已经不能应对技术创新和客户至上的市场导向。社长植村和为了公司的组织构建而积极奔走的董事三浦荣等人都深切地感受到了这一点。

> 在当时的英国，日产的知名度并不高。尽管如此，许多在路虎等本国汽车制造商以及欧洲福特、欧洲 GM 等外来企业工作的工程师还是响应了日产汽车的招聘。我想他们之所以做出这样的选择，是因为这些人对英国的汽车产业有着强烈的忧患意识且对其现状产生了很深的挫败感。也许他们想在一个新的环境里研发自己理想中的汽车。虽然英国的汽车产业遭遇了挫折，但是英国汽车的工匠传承仍然存在。实际上，在英国国内依然还有很多小的汽车工厂，工厂中的很多人依然对汽车制造充满热情。这些人对于汽车产业的思考和自信与我们相比毫不逊色。看到 NETC 招录的这些当地工程师，我深深地感觉到来英国是一个正确的选择。

能够大量录用优秀且具有高觉悟的工程师，将对 NETC 的特性起到决定性的影响。日产本打算在美国也建立一个能够充分利用当地人力资源的研发组织，但是由于 CR 项目的紧迫性，NRD 刚成立时，相当一部分工作还是交给了日本派遣人员，这是被逼无奈的选择。但是在欧洲，有着大量的对自己国家汽车制造商不满的优秀工程师可以选择，很多工作完全可以交给他们来处理。而且，这些工程师继承了 NMUK 日英融合的企业文化，能够以自己的方式理解 NTC 的工作风格，继而可以将日英技术中的优点结合起来加以利用。

在现场奔走忙碌的中村赞叹地说道："他们对汽车制造知识的掌握并不亚于我们。而且要在当地制造汽车，显然他们更加了解当地的情况。从一开始，我们就把该交给他们做的事情交由他们来处理，并将这一做法当成了公司的方针政策。实际上，他们之中很多工程师比日本派遣人员更懂汽车。在公司之外提供支持的当地工程公司的技术人员们也是如此。"他接着提道，"日本派遣技术人员和我一样，几乎都是 30 多岁的年轻人。而当地工程公司中有很多比我们年长许多的资深工程师。他们都是为了英国汽车产业奋斗多年的战士，曾经参与生产过很多名车，对自己的技术都非常自信，而且他们依然有着强烈的学习新知识和新事物的欲望，他们丰富的经验是当时的我们无论如何也赶不上的。"

就这样，这些当地工程师被录用后，很快就被送往 NTC 进行为期半年的锻炼，在那里他们学习并实际体验了日产式的工作方式，而且他们在常驻 NTC 期间，也起到了连接日英的桥梁作用，为 NETC 工作的顺利推进提供了很大帮助。在那个时代，电子邮件还没有出现，而 NTC 的日本人又不擅长与外国人通电话或是用英语发传真，这些人就像是日英研发部门之间磨合的润滑剂，为两边业务合作的顺利开展起到了关键作用。在 NTC，他们一边摸索，一边学习与零部件制造商的交流方法。通过学习，他们意识到“日产的做法，可以说是面对面方式”。日产不是采用零件图的方式进行研发，而是直接和零部件制造商面对面进行沟通，这种方式可以更加有效地制作设计图纸。实际体验过后，这些被派往 NTC 的工程师切实感受到了这种方式的优越性，很快就接受了这一方式。

通过最大限度地运用欧洲工程师们的知识，NETC 在学习了欧洲传统汽车制造优势的同时，也逐步掌握能与欧洲市场对话的组织能力。他们希望借此生产出被英国市场完全认可的汽车。未来他们想研发出整个欧洲都能引以为豪的日产汽车。久米和园田为梦想所付出的努力也确实结出了果实。

在当地工程师以及布鲁塞尔的真田裕一（现任 NISMO 社长）、中村等日本团队的努力下，双方的齐心协力使得从蓝鸟时代就开始一点点推进的零部件本地化工作突然有了突破性进展，完成了霹雳马零部件本地采购率达到 80% 这一高难度目标。此时，蓝鸟在当地的零部件供应商约 120 家，而霹雳马则达到了 177 家。

在这一过程中，不仅是设计部门，NMUK 的采购部门和品质保证部门也做出了很大努力。在总部采购管理部门的支持下，NMUK 以这两个部门为中心，组建了供应商研发团队（Supplier Development Team，SDT），对当地的零部件制造商进行指导，以提高他们的产品质量和生产率。当然，最重要的是结果很理想，津田、坂井等人生产出来的汽车经受住了考验。参与这一研发项目的工作人员们说道：“当得知霹雳马将在英国本地化和制造时，我们坚信日产汽车是认真的，并为之感到自豪。”为了这款真正能够在欧洲市场上决一胜负的霹雳马车型的顺利推出，大家都在埋头苦干。

迈向新天地——克兰菲尔德

1991 年 9 月，也就是霹雳马推出的第二年，NETC 搬离了其位于桑德兰的临时办公场所，在与桑德兰相距甚远的伦敦市郊的克兰菲尔德设立了办公室。

积极推动这次搬迁的是植村接任者，NETC 第二代社长宫田进。上文曾提及，宫田通过技术创新建立了“快速的日产”的良好形象，也是 NTC 公司发起“P901 运动”的推动者。宫田于 1989 年接任植村担任 NETC 的第二代社长。在霹雳马的本地化生产工作告一段落并正式在欧洲市场推出后，他指挥将研发部门从桑德兰搬迁至克兰菲尔德。

宫田之所以将研发部门搬迁至克兰菲尔德，是因为有关人员在海外研发体制的讨论过程中，通过详细调研，认为伦敦近郊是最好的选址，上文对此有所提及。克兰菲尔德靠近伦敦希思罗机场，是英国的空中大门，在这里设立研发基地能直接接触到英国的代表性文化，也能方便当地工程师的录用。这一选址也将使 NETC 成为不仅面向英国，同样也面向欧洲市场的汽车研发中心。另外，这里紧邻克兰菲尔德大学，而克兰菲尔德大学在汽车工程学和航空工程学领域都享誉世界，因此这一选址也得到了人们的高度评价。此时，日产已成功实现了霹雳马的本地化，与当地零部件制造商的合作研发体制也初见端倪，是时候着手创建一个体系实现当初进军欧洲的两个目标（零部件本土化和面向欧洲市场的车辆研发）了。

虽然这次搬迁是研发部门内部早就定下的决策，但真要做出搬迁的决定却并不那么容易。这是因为，要支援 NMUK 的本地化生产，NETC 还是在桑德兰比较好，而不是 370 千米远的伦敦郊外。NMUK 方面认为，如果有可能，还是尽量把 NETC 放在 NMUK 辐射范围内。对此，NETC 内部也是议论纷纷。一部分人认为，作为一个研发中心，遵循现地、现物主义很重要，所以还是应该把研发中心放在制造现场旁。另外，还有部分人认为，汽车研发的核心力量目前仍然是日本的 NTC，而当地的研发组织则应把重心放在应用工程（本地化）上，所以 NETC 设在桑德兰是适合的。这些想法在NETC内部根深蒂固，甚至有人担心，由于两者的分离，英国式的“生产和研发之间的围墙”会再次浮出水面。

另外，也有部分人认为，海外研发的中长期目标不仅仅是对生产本地化的支援，NETC 将来还要进行类型 2 和类型 3 的研发。NTC 也提出了要研发出真正能在欧洲立足的汽车。虽然当前对生产本地化进行支援仍是中心工作，但在将来 NETC 需要担负起 NTC 一线力量的角色。而对于 NETC 的汽车工程师来说，他们当然也想掌握能与欧洲汽车竞争的产品技术，研发出能与欧洲汽车竞争的产品功能，并亲手制造出能在欧洲畅销的车型。搬迁是实现这一目标的第一步。最终，植村等人决定综合双方的意见，在 NMUK 内设立 NETC 分部以提供生产支援。

当然，还有一些更现实的问题存在。有的工程师提出：“我带着家人从伦敦来到了桑德兰，好不容易才熟悉了这里的环境，就要再回到伦敦郊区吗？”

随着这次办公场所的搬迁，在桑德兰当地雇用的约 60 人也必须跟着搬家。两个基地之间的距离是 370 千米，有很多人都是只身前往克兰菲尔德赴任，只有在周末才能回桑德兰。另外，为了设立克兰菲尔德研发中心，NETC 加快了在伦敦地区录用员工的速度。因此，现在从伦敦只身到桑德兰分部赴任的员工人数也开始增加，NETC 还专门租用了定期巴士作为公司班车往来于两地之间，以解决通勤问题。另外，一些不能搬家的员工，则留在设于 NMUK 的分部工作。

尽管如此，还是有很多英国工程师对研发中心的搬迁持欢迎态度。搬迁之前，许多人认为日产汽车研发的主动权在日本 NTC，因此他们无法在欧洲生产汽车，而将研发中心迁往克兰菲尔德使得在欧洲生产汽车成为可能，他们预感到这将是日本欧洲研发的起点。就这样，在 1991 年 9 月 NETC 正式运营时，公司已经拥有了 250 名克兰菲尔德员工以及 100 名桑德兰员工。

NETC 并不是在决定搬迁时才开始招募本地工程师的，而是在 1990 年左右就未雨绸缪，为以后的搬迁做打算，全面启动了招募工作。也就是在这时，伊恩・米尔伯恩、安迪・帕尔默、格雷哈姆・康福斯等人被录用，这些人之后都成了 NETC 发展的关键人物。他们继承了 NMUK 的日产式工作方式并将其发扬光大。

米尔伯恩于 1990 年加入公司，担任董事，并一直担任英国方面负责人，直到 2001 年以副社长的身份退休。他有着一头白发，待人热情且友好，是一位绅士。他十分重视团队精神。同时，他也热爱汽车，是一名现场磨炼出来的技术能手。植村在谈起米尔伯恩时表示“如果是他的话，应该能很好地理解日本人的感受”，言语中透露出对其技术能力、经验以及问题意识的肯定，并希望与其成为搭档。米尔伯恩曾有如下表述。

> 我在福特工作了两三年，但是如果我不去阅读几厘米厚的工作手册，我的上司甚至不愿跟我对话。他会说“手册上应该都写了”，然后把我打发掉。有一段时间，虽然福特也进行了“员工参与”的改革，

但是这种浮于形式的改革其实什么都没改变，能生产出好的汽车的良好风气渐渐消失了。这里的情况是经理、采购人员和企划人员太过强势，听不进技术人员意见的组织，而且设计部门和生产部门之间也完全没有交流。日产公司则完全相反。但刚开始的时候，我觉得日产公司的规定和设计图纸并不是很好。可能是因为日本人之间彼此太熟悉了，他们之间可以使用隐性知识交流。但对于我们这些外来人来说，一开始时对公司的规定完全摸不着头脑。

以米尔伯恩为首的英国工程师们，把欧洲制造商的做法当作反面教材，他们以日本式的隐性知识为主导的研发风格，重新构建了 NETC 式的研发风格。他们认为“为了全球研发，最低限度的形式知识化是必要的”。但同时他们也高度认可通过团队合作和现场相互交流隐性知识的重要性。他们希望能综合这二者，探索一种在不陷入官僚主义状况下快速推进研发的方法。他们希望在保持适当的形式知识化的同时，通过维持雄厚的社会关系资本实现顺畅的研发。1988 年进入公司，现在担任人力资源管理总监的瓦德尔说：“大家聚在一起吵吵嚷嚷地研究体制是有价值的，而如果讨论的是工作手册则毫无意义。思考讨论体制的过程会激发大家的智慧。在体制范围内，大家每次处理事情时依然会有思考的空间。而手册是固定的，只会约束大家。”

安迪·帕尔默曾是路虎的研发人员。他从路虎离职后加入了 NETC。在 20 世纪 80 年代初期，路虎遭遇了经营危机，并在那时与本田建立了技术合作关系。1985 年发售的“本田里程”和“罗孚 800”就是双方合作的成果。在那期间，一些路虎的工程师被派往本田驻地，而一些本田的工程师也被派往英国，双方的交流一直在延续。帕尔默正是这些与本田有过交流经历的工程师之一。

> 在日产，很多重要的决策都会让我们参与。而在本田，会议上大家讨论用的是日语，只有在公布结果时才会用英语，我们对这样的做法感到不满。日产的会议用的是英语，大家一视同仁，共同参与讨论。这让我觉得可以在这里一直做下去。

米尔伯恩在刚加入公司时认为："在这里，我能有效地利用在福特学到的知识以及失败的经验"。而福克斯利则表示："当我刚加入公司时，很难说这是一个非常系统的组织，因为NETC才刚刚起步。但公司告诉我，既然你指出了这一点，那就将这项工作交给你吧，希望你能完善它。这让我在以后的工作中拼命努力，生怕辜负了这份信任。"

NETC吸引并接纳了从英国汽车产业流出的优秀工程师，接受了他们"想再造一辆好车"的热诚想法。为了让大家强烈地感觉到这是"自己的公司"，培养大家的归属感，NETC开展了日英融合的组织建设。中村公泰眯着眼睛回头看向大家，之后说道："不仅仅是日本人，整个公司都为自己是日产人感到自豪。即使是去海外出差，他们也要穿着印有日产标志的蓝色制服登机。他们为穿上这身制服而自豪。"

就这样，NETC开始将NMUK创造的日英融合的优秀管理体系转化为现实。在这一过程中，NETC内部形成了许多培养优秀工程师的"场"。日后，这些"场"成了为日产总部培养活跃人才中枢的基地。

第六章

世界の知で創る

多样化的“修罗场”产生的共创文化

NETC 的首次类型 3 研发——特兰诺 2

此时，NETC 又迎来了另一个重大的契机，并再次书写了历史。这是一款名为“特兰诺 2”（日本名为米斯特拉尔）的 RV[①] 研发项目。和美国 NRD 的贵士研发项目一样，特兰诺 2 的研发是以 NETC 为主进行的，也就是前文提到过的类型 3 模式的研发。以园田为首的研发部门的领导，在正式进军欧洲之际，提出了一个目标，建立一个能够真正在当地进行汽车研发的基地。而特兰诺 2 的研发，正是验证这一研发基地成色的第一个舞台。

当时适逢美国的 NRD 和福特合作的 CR 项目正式启动。与 NRD 相比，日产虽然期待着 NETC 能在中长期内成长为当地的整车研发基地，但对其当前的定位还是助力实现 NTC 研发的汽车零部件的本地化。因此，就连被派遣到 NETC 的日本工程师，也认为 NETC 目前不可能从零开始研发汽车。正当大家都持有这种想法时，突然传来了 NETC 要研发类型 3 的消息。驻 NETC 的日本人自不必说，NETC 的英国工程师们也个个都为之兴奋。有些人认为这是展示自身能力的好机会，当然也有人担心这个刚成立不久的组织到底能不能进行真正的汽车研发。

特兰诺 2 的研发原本计划是由西班牙的日产伊比利亚汽车公司（NMISA）和 NTC 共同推进。日产在欧洲拥有两个制造工厂，NMUK 主要生产搭载汽油发动机的轿车，而 NMISA 除了负责“途乐”“瓦内特”等车型的制造、销售外，还生产卡车、叉车、柴油发动机等。1993 年，NMISA 的途乐等四驱车型的年产量为 31 万台。1989 年，其在西班牙国内的市场占

① 休闲车，Recreation Vehicle。——译者注

有率达到50%，销售状况良好。当时四驱车作为一种休闲型的交通工具开始在一般用户中普及。最初，四驱车的研发目标是突出越野性能，使其与一般的乘用车区别开来，但随着用户群体的不断扩大，市场对四驱车的需求也在不断变化，要求其具备堪比普通乘用车的公路行驶性能，也就是更加看重其休闲娱乐方面的功能。受此潮流影响，NMISA开始考虑尝试研发一款新的RV，并投向西欧市场。这款车不再像途乐一样用于满足用户的专业需要和迎合用户的重度越野爱好，而是一款满足一般用户需求的休闲用越野车。对于NMISA来说，这是一款划时代的车型，被定位为进军欧洲市场的战略车型。

NMISA在巴塞罗那有两个工厂（组装/冲压），在马德里有两个发动机生产工厂。因为NMISA收购的伊比利亚汽车公司原本就是一个独立的汽车公司，所以NMISA有单独的研发部门。也因此，这款新的四驱车型的研发早于NETC成立的时间，始于1987年。当时，NMISA的研发部长是拉斐尔·博罗纳托，他有着热情奔放的性格，同时也是一位研发经验丰富的工程师，待人宽容，心思缜密。他在回顾当时的情况时说道：“最开始时，我们打算依托途乐的本地化研发和生产经验，构想一款新的后继四驱车型，当我们就这一想法与位于厚木市的NTC进行沟通时，他们对此表示非常支持，最终这一构想被确定了下来，并被成功纳入日产的产品规划。”

就在这时，1987年3月，福特欧洲向日产发出了研发制造RV的邀请。福特欧洲和NMISA一样，也意识到了需要研发一款能够与路虎“发现者”、三菱“帕杰罗”或欧宝“Frontera”等对抗的城市用RV。对于日产和NMISA来说，这可真是“急奔渡口，恰有停舟”。因为如果将福特欧洲的

OEM[①] 包含在内的话，这一项目未来的销量将非常值得期待。

当时石川浩被派往 NMISA 担任市场营销和促销部门负责人，而后来他成为特兰诺 2 的产品经理。但从日产总部获悉福特欧洲已经问询过新的 RV 合作研发项目的消息后，NMSIA 决定立即调整石川的职务，让他担任与福特欧洲公司协调合作事宜的联络人。3 月底，石川与福特欧洲的领导进行了一次非正式的洽谈。这是与福特欧洲共同研发的 ET 项目的开始。

第二年，也就是 1988 年，双方就 ET 项目的合作事宜正式签署了协议。与此同时，NMSIA 与福特欧洲合作开始进行产品的广告概念设计。石川在日产常年负责海外市场营销，是这方面的专家，他对福特式的现场营销手法十分钦佩。

石川在聊起当时的情况时说道："总之，为了把握市场动向，日产公司在资源和时间方面的投入达到了难以想象的规模。他们在英国、西班牙、德国进行了彻底的市场调研和细致的资料收集，希望以此为基础进一步明确新研发车型的设计理念。正因如此，从项目正式启动到设计理念最终确定并制作出概念车型，日产用了整整三年的时间。"

日产方面参与产品企划工作的既有日本人，也有西班牙人、德国人、英国人和荷兰人等。石川在谈起这一状况时说道："企划团队的成员来自多个国家，无论是成长环境还是生活习惯都不相同，沟通起来非常困难，意见五花八门，这些外国人很难理解日本人的问题。我们笑称这一团队为多国团队。"

但是，此次合作有着超越这些冲突的价值。因为这是迄今为止日产通

---

① Original Equipment Manufacture，原始设备制造商，指一家厂商根据另一家厂商的要求，为其生产产品和产品配件。OEM 客户就意味着市场，OEM 客户越多，产品的市场占有率就越高。——译者注

过欧洲式的跨国合作与市场对话的开端。

日本、英国、西班牙：三方的冲突与协作

这次研发本来被认为是在 NTC 内部进行的。但是，由于要与福特欧洲合作进行产品的企划，且要以 OEM 的形式为福特提供支持，因此，作为日产欧洲研发中心的 NETC 突然被选中参与这次合作。这样做将有效地利用日产在欧洲的研发基础设施，而 NTC 将继续提供后援支持。

当然，这不是将该研发项目留给新设立的当地研发组织 NETC 的唯一理由。实际上，当时 NTC 正忙于其他车型的研发，没有余力研发特兰诺 2。而且这不是一个很大的研发项目，主要是在已经发布的特兰诺平台基础上做些小的调整，如顶棚的微调等。这款车计划仅在欧洲销售，将来只会小规模生产。因此，日产认为，如果有 NTC 海外车辆设计部门的指导，NETC 和 NMISA 的研发团队完全可以应对这一挑战。

作为特兰诺 2 研发基础的特兰诺车型，是日产以达特桑卡车为基础研发的。1987 年 1 月，法国队驾驶这款车参加了在法国巴黎举办的第九届达喀尔拉力赛。自此之后，这款车在世界各地的汽车拉力赛中频频出镜，与三菱的帕杰罗展开了激烈竞争，这也成为日本四驱车型走向世界的一个重要契机。

这种用于重度越野的四驱车型虽然具有优秀的越野性能，但由于其是以卡车平台为基础研发的，所以在乘坐感受和一般道路上的驾驶性能（特别是高速性能）方面与轿车的差距很大。对于特兰诺 2，研发团队的目标是在保留特兰诺优秀的越野性能的基础上，进一步提高其公路驾驶性能，将

其定位为可以与轿车、舱背式乘用车[①]媲美的，具备同样驾乘感受的RV车型。这款车也是现在的跨界SUV的鼻祖。

虽然福特欧洲对特兰诺2的造型、功能和结构提出了自己的意见和要求，但其并未参与研发。从1987年3月起，日产和福特欧洲每3个月会在NMISA进行一次直接对话，最终确定了设计概念。两年后的1989年，日产和福特欧洲正式签订了OEM合同。在特兰诺2上，日产汽车采用了一种对比鲜明的四驱系统，既有区别于特兰诺（海外名为帕拉丁）的柔和悬挂，又有着媲美日产Safari（途乐）的坚固车体以及越野性能。日产这一综合各方优点的设计提案，获得了福特欧洲的认可。之后，日产决定将底盘和动力总成[②]部分交由NMISA研发，其余部分则交由NETC研发，NTC负责对NETC进行支援。

虽然预想中研发规模应该不大，但是真正进入研发程序时才发现，实际情况远超预期，特兰诺2的研发工作量和研发一辆新车基本没有区别。

一方面，特兰诺2的造型交给意大利IDEA公司设计，与特兰诺完全不同，是一项崭新的设计；另一方面，为了实现在欧洲不可或缺的高速性能，他们不得不对底盘进行了大量的重新设计。对这款面向欧洲的产品来说，要进行如此大规模的改变并不容易。NETC的日本人和英国人、NMISA的西班牙团队都不得不应对这一突然而至的意外情况。对于刚成立不久的NETC，原本“因为是小规模研发，所以没问题”，现在实际的研发规模远超想象，而且还要与西班牙的团队合作进行，他们的首次新车研发之旅变

① 舱背式乘用车是比较古老的概念，区别于三厢车那种较低矮的后备厢，舱背式乘用车后备厢高度不低于驾驶员位置车顶高度，同时后备厢门可以全尺寸打开，配合后排座椅折叠，可以更为方便地取放大件货物。现在的SUV、MPV甚至部分两厢车都可以归为此类。——译者注

② 车辆上产生动力并将动力传递到路面的一系列零部件组件。——编者注

得异常艰难。

困难虽多，但收获颇丰。ET 项目为日产的"多元化合作"打下了坚实基础，这样的合作也成了日产迄今为止能一直立足于欧洲的优势之一。从 1989 年开始的两年时间里，来自西班牙 NMISA 设计部门的 14 名工程师，为了这个项目常驻当时位于桑德兰工厂内的 NETC 里。他们的作用是为 NETC 的工程师和零部件制造商牵线搭桥。大约有 130 家零部件制造商参与了 ET 项目，这其中大多数是与 NMISA 有着密切合作关系的西班牙公司。因此，由 NMISA 协调双方的关系非常有必要。此外，NMISA 的工程师们还参与了车身以及内饰等外观装饰部件的研发。

另外，NETC 的工程师也参与了 NMISA 负责的底盘设计。尽管 ET 的设计框架基于特兰诺，但是 ET 在此基础上减少了一根横梁，这就需要委托英国的工程公司重新进行结构分析。正因如此，NETC 参与了底盘研发的部分工作，并参加了在西班牙进行的行驶实验。当时，唐・欧文作为 NETC 项目成本管理部门的工作人员参与了 ET 项目。在项目进行期间，他曾被借调到 NMISA。在特兰诺 2 的质量检查期间，有很多像他这样的员工从英国包机飞到了巴塞罗那。

如上所述，双方没有拘泥于最初的责任分工，而是通过频繁的人员交流推进特兰诺 2 的研发工作。这些人员笑称，因为他们经常日语、英语、西班牙语混杂着用，所以他们的交流语言其实是"Japinglish"[①]。由于他们经常需要加班到深夜，所以在办公桌上睡觉成为常态。在这样的情况下，双方的工作人员也经常会在晚上找个小酒馆或酒吧小聚，彼此联络一下感

① Japanese、Spanish、English 的结合。——译者注

情。NMISA 的研发部门后来被统一合并进了 NTCE，但其实双方之间的人员交流早在这个时候就已经开始了，这也为双方日后的合作打下了良好的基础。之后，不知从什么时候起，双方人员之间流行起了那句“Nothing is impossible”的经典口号。

研发团队成员的多元化还在不断加强。因为正在此时，日产在荷兰的阿姆斯特丹设立了日产欧洲（NE），将之日产欧洲业务的总部，同时也是 ET 项目的总指挥。因此，在 ET 项目研发过程中，不仅有日本人、西班牙人、英国人参与，就连 NE 产品企划以及销售团队中的荷兰人、比利时人、德国人和法国人也都参与其中，形成了一个名副其实的多国团队。研发人员如此程度的多元化，不仅在日本看不到，在美国也非常罕见。正因如此，文化和价值观差异导致的冲突也远比在美国的研发项目要复杂得多。

参与研发的各国技术人员在经历过各种各样的冲突后，从中也发现了不同国家成员间的差异，并学会了如何克服这种差异。作为这支多国团队沟通纽带的米尔伯恩在谈到如何克服文化差异的经验时说道：“秘诀就是喜欢和尊重对方的国家和人民，而不是以自己国家的文化为基础看待事物。”首先，要从理解对方想说的事情开始，并依此展开对话。米尔伯恩说：“我们总是不可避免地以自我为中心，以自己的经验为基础判断问题，而且还坚持己见。再不然就是会依据环境分析进行调整。这个做起来也很轻松，但是如果只是做到那样，既不能满足顾客的需求，也不能生产出好的产品，而且不同文化之间的隔阂是无法跨越的。”我们需要的是通过在现场和对话的“场”中敞开心扉，真实感受对方的声音和现场的实际情况。只有虚怀若谷才能彼此接近，共同创新。可以说，通过特兰诺 2 这种多元化的研发机制，以 NETC 员工为首的身处欧洲的日产人，发现了共同创新的诀窍。

汽车本来就是一种需要各种零部件互相磨合的产品。即使想把每个部件的噪声和振动控制在最小范围内，也依然有可能产生无数零部件之间的共振问题。要解决这个问题，就需要很多零部件的负责人员共同对设计做出调整。因此，研发一辆好车，需要的是团队合作、相互理解和共同对话，只靠明确的责任和权限是无法实现“生产一辆好车”的目标的。如果每个人只拘泥于完成自己的任务，就无法顺利地完成整车的研发。这是汽车制造的特征，也是日产式工作风格形成的起源。这种认识和对话对于跨国合作也是非常必要的。

作为对话的成果，特兰诺 2 的模型车一经亮相便不同凡响。多国团队中来自五湖四海的成员，在 IDEA 设计的特兰诺 2 的精美造型面前，纷纷表示赞叹。在看到模型车之前，大家对特兰诺 2 研发项目的推进方向和方式有着各种各样对立的意见，但在看到模型车的一刹那，大家的意见瞬间归于统一，纷纷对这一设计表示了认可。这就是设计的力量，而且也反映出大家加入日产公司的出发点是一致的，那就是生产一辆好车。

就这样，这支多国团队在解决矛盾冲突的同时，对模型车进行了反复实验和论证，不断完善设计方案，使特兰诺 2 的设计更加成熟。从 1991 年 2 月开始，日产针对特兰诺 2，在 NMISA 进行了 3 次试生产，总共制造了 281 台试制车，并针对试制车的品质和生产率等问题进行了反复讨论，直至达到 SOP[①] 标准。

最终，开始于 1987 年的特兰诺 2 的研发项目，在经过 5 年时间的研发后终于修成正果。1993 年，特兰诺 2 开始在欧洲发售，当年销量达到 31 万

① Start of Production，开始量产。——译者注

台。通过与欧宝“Frontal”、三菱“帕杰罗”及路虎“发现者”等劲敌的激烈竞争，在发售后的10个月内，特兰诺2一跃成为欧洲市场最畅销的四驱越野车。这是这支以NETC的日本人、英国人以及NMISA的西班牙人等为主的多元化团队的胜利。

直面现实

至此，霹雳马、特兰诺2的研发、设计工作告一段落，后续生产工作将交给NMUK及NMISA的生产线负责。1992年，NETC启动了继霹雳马之后第三款在英国当地生产的紧凑型车“Micra”（第二代K11款玛驰）的研发工作。与第一代P10款霹雳马一样，这款车型主要面对日本和欧洲市场。NETC明确了Micra的研发方向，即拥有可与欧洲小型汽车竞争的性能和外观。这款车以日本研发的第二代玛驰为基础，在根据欧洲的零部件规格要求进行适当调整的同时，还积极实现了零部件的本地化生产。该车将继续由NMUK进行生产，研发工作则将交由NETC负责。这是NETC在完成霹雳马的本地化后的又一重要项目。之后，1992年8月，NETC很快就启动了Micra的本地化生产工作。并且，这款车获得欧洲汽车年度风云榜大奖，这是日本车首次获此殊荣，也是继1990年霹雳马获得该榜单第二后的又一壮举。

在那之后的一段时间里，NETC专注于霹雳马和Micra的终身管理。另外，虽然Micra与日本玛驰通用部分的外观变更工作是和NTC共同合作完成的，但在这个过程中，NETC的实力得到了认可。因此，Micra的欧洲专用的部分将由NETC独自负责。此外，对其他日产欧洲销售车型的细小改动也将由 NETC 负责研发。

但是，此时的研发与以类型 3 方式研发特兰诺 2 时充满活力的样子完全不同。

1993 年前后，NETC 的员工总数大约是 330 人，其中 59 名是日本人，剩下的大部分是以英国人为主的欧洲技术人员。此时的社长是接任宫田的久富尚志。久富是一名发动机设计工程师，曾在日产总部企划部门工作，有过多次产品企划的经历。但是，在他任 NETC 社长时期，NETC 在致力于本地化的同时，也面临着组织精简的课题。由于日本经济泡沫的破裂，日产的经营环境日益严峻，规模急剧收缩的要求也变得越来越迫切。在这种形势下，NETC 与 NRD 同时陷入了困境，甚至出现了从零开始重新审视海外研发方式的动向。

“NETC 和 NRD 只是单纯地克隆 NTC 的组织不是更好吗？”

“研发组织、职能的重复不是无用的吗？”

“研发工作由 NTC 负责会更有效率，没有必要交给 NETC 和 NRD。”

诸如此类的各种各样的意见不断出现。

在这样的氛围中，职能划分论的矛头理所当然地指向了市场规模较小的欧洲。因此，NETC 受到了严格的控制。在特兰诺 2 研发完成之后的很长一段时间里，NETC 进入了沉寂期，但 Micra 和霹雳马的更新换代以及本地化工作一直在稳步推进。“NETC 里，日本人所占的比例比 NRD 小得多，但即便如此，在 NTC 看来还是显得有些人员过剩。”当时，已经回国担任日产董事的宫田，迫于日产总部严峻经营环境的影响，也不得不对久富提出了削减 NETC 和西班牙研发部门人员以及经费的要求。

在这种情况下，久富开始着手培养有能力的当地人才担任董事、总经理以及经理，并希望通过这种方式将日本技术人员的人数缩减到 40 人。当时 NETC 的组织架构分为设计研发部门（包括模型研发、试验、引擎设计、车体设计、设计管理以及总务 6 个部门）和项目成本管理部门（类似 NTC 的产品总部，分为霹雳马、特兰诺2、玛驰3个项目管理小组和成本管理部，总计4个部门），负责这些部门的部长和董事总共13人，其中9人是日本人。而在他们之下担任经理职务的总共有 25 人，其中 19 人是英国人。可以看出，在经理层面，管理职位已经大大本地化了。

要实现将日本人压减到 40 人的体制，关键在于董事和部长层面，需要培养出可以担此重任的英国人，充实设计研发部门及项目成本管理部门。但另外，特兰诺 2 还有很多有待解决的问题，而且特兰诺 2 的研发也暴露出了 NETC 在实力上的不足。对于 Micra 超出预期的大规模变更，NTC 最后不得不给予 NETC 计划外的额外支援，而且在成本方面问题也不少。正因如此，NETC 不可能单方面减少日本人的数量，还需要考虑如何培养英国工程师，以提高他们的组织能力。这成了当前最重要的一项课题。

之后中村幸纪接任久富，继续直面这个课题。如上文所述，从 1990 年到 1993 年，中村一直在 NRD 工作。1993 年年末回国后，中村担任了 NTC 第一车辆设计部部长的要职。但仅仅两年后，1996 年 1 月，中村就作为久富的继任者，来到 NETC 担任社长。在戈恩就任 COO 之前的动荡期内，他一直担任该职务，在欧洲直面日产的经营危机。中村是一位冷静且善于从全局角度思考问题的参谋型人才。他在被举荐担任 NETC 社长时，也接到了总部的指示，希望他能将 NETC 重组为一个由少数精英组成的精干型组织，以便在欧洲更好地开展业务。在日产的经营状况持续恶化的情况下，总部对他的要求是“将 NETC 变成一个低成本运作的组织”。中村在回忆这段经历时有如下表述。

> 总而言之，我们需要建立一个既能完成工作任务，又能将成本控制在更加合理区间的组织。这是我去 NETC 赴任时总部交给我的任务。还有一项任务是探索如何充分利用西班牙的组织。这项任务是我和 NMISA 的设计负责人明石先生（明石彰，后担任日产技术社长）一起负责的。负责统筹日产在欧洲销售工作的欧洲日产公司一直追问我们为什么不积极研发面向欧洲的产品，原因就是缺乏完善的机制。
>
> 有段时间，我无法和米尔伯恩等当地的英国工程师们融洽相处。我曾经也因为双方的不睦而烦恼。但这种冲突带来的影响并不全是负面的。他们以自己的方式，积极地推动日产的各项工作不断向前。虽然这是一段艰难的时期，但是他们依然在认真思考最佳的解决方案。在艰难时期产生的矛盾和分歧，将来成了促进开花结果的良肥。

从表面上看，久富和中村担任社长的这段时期，是 NETC 最为低迷的时期。但是，NETC 针对成立初期这几年所遇到的各种各样的困难和挫折，不断摸索寻找新的解决对策和改善方案，也为下一步的腾飞积蓄了力量。可以说，这段时期也是 NETC 由弱转强的重要过渡期。在致力于以类型 2 方式研发 Micra 和霹雳马的同时，NETC 也创造了一种新的关于组织能力的战略理念，被称为“系统零部件研发”。这一理念的核心是通过充分利用欧洲已有的技术能力实现自身战略方向的积极转变。

充分利用欧洲知识的系统零部件研发

中村曾有如下叙述。

> NETC 的工程师们一直在踏踏实实地为了实现零部件的本地化而努力。而在这个过程中，本地工程师们也并不认为这项工作很无聊或没有价值。他们将调节器和雨刷等称为“系统零部件”，并创造出了一种能使欧洲零部件制造商们充分参与的研发方式。在很难获得日本零部件制造商支持的欧洲，不管是对 NETC 来说，还是对 NMUK 来说，如何利用好这一方式都是当前最重要的课题之一。

系统零部件研发是指 NETC 根据车辆整体的性能和布局要求，独立设计零部件图纸，交由欧洲零部件供应商生产的零部件研发方式。在欧洲，日产在汽车制造方面对日系零部件厂商的依赖度为 20% 左右，这与美国 70% ~ 80% 的依赖度形成了鲜明对比。归根结底，还是因为欧洲的日本零部件制造商数量太少。在这种情况下，日产别无选择，只能通过当地的零部件制造商完成采购。但是在这个过程中，如果采用和日本完全一样的设计图委托制造，成本和交货期限都很难得到保证。因此，按照 NTC 的要求，NETC 将与其筛选的零部件制造商共同研发欧洲本地制造的零部件。

因此，对于 NETC 的当地工程师们来说，系统零部件研发并不是将日本研发的零部件完全拷贝过来，而是一项需要相应的技术能力的工作。因为这项工作脱离了 NTC 的主导，对于工程师们来说，这也是难得的锻炼和成长的机会，有助于 NETC 留住那些辛辛苦苦培养出来的优秀工程师。如何在逆境中充分利用欧洲工程师们的知识，成了中村及其部下米尔伯恩、帕尔默及志津田笃（现日产常务执行董事）等人在NETC蛰伏时期致力解决的一项重要课题。这段时期内的技术积累和人才培养，未来将成为NETC在戈恩体制下发起反攻的助燃剂。无法占据地利，就要充分利用人和，这是NETC为了应对困境，在欧洲所采取的解决手段。

这个过程中，反而涌现出了很多比NTC的设计方案更好的构思。例如，在阿尔梅拉（日本名为Pulsar）的研发过程中，NTC的建议是采用单层填充的车门，而NETC的工程师们考虑到欧洲的高速行驶环境，从隔音性等角度出发，提出了采用双层填充的更优方案。诸如此类的情景开始频频出现，这也从侧面反映了NETC在欧洲零部件研发中所取得的进步。换个角度来看，NETC在应对困境的同时，充分利用欧洲的知识，掌握了独自安排设计图的能力。

另外，在防盗性能方面，NETC也开始发力。在欧洲，车辆盗窃事件频繁发生。针对这一情况，NETC研发出了一种欧洲独有的防盗技术。这项技术比当时日本的同类技术先进得多。虽然汽车的防盗系统在当时的日本已经司空见惯，但在欧洲却很少出现。因此，NETC和欧洲日产为了使日产汽车能够更具吸引力，在欧洲实现更好的销量，开始着手研发这一系统。在研发过程中，NETC得到了英国警方的协助，从一些汽车盗窃惯犯那里了解了他们的盗窃技巧。作为补偿，NETC也为这些曾经的罪犯提供了职业培训的机会。通过这种独特的方式，NETC研发出了当时最先进的防盗装置，为提高日产的技术水平做出了贡献。在这个过程中，大卫·图格（现已调往雷诺技术中心，担任雷诺的车辆研发副主管）发挥了重要作用。之后，他也积极参与了逍客的研发。就这样，NETC的工程师们逐步掌握了可以在欧洲这个汽车产业发达地区立足的研发能力。

也是在这一时期，志津田来到 NETC，在中村幸纪的领导下负责系统零部件的研发。志津田说，这样踏踏实实的努力所取得的成果都体现在了第二代的霹雳马上（1995 年发布的 P11 型小改款）。

1990 年发售的第一代霹雳马在欧洲及日本市场上非常受欢迎，使得大家对下一代霹雳马的模型期待过高，提出了各种各样的要求，这也导致第二代霹雳马在产品概念上变得模糊不清。虽然应用了很多高端技术，但是市场的评价却不高。这对 NMUK 来说是一个非常严重的问题。毕竟，当时的日产在欧洲的两个公司都是为了霹雳马这款车型组建的。于是，日产决定对 P11 型霹雳马进行微调，以期卷土重来。这个小改款的研发任务交由 NETC 负责，研发形式相当于类型 2，但由于 NETC 对引擎盖、挡泥板、前后灯等进行了大幅度的设计变更，实际上这次研发是以类似于类型 3 的形式进行的。在研发过程中，NETC 充分发挥了在之前的系统零部件研发中锻炼出来的设计能力。而且，最重要的是，NTC 对 NETC 技术能力的认识发生了变化，开始认可他们的研发能力。

2000 年，作为志津田的继任者来到 NETC 任职的大伴彰裕（现日产执行董事）也说道："从 20 世纪 90 年代中期到 2000 年左右，NETC 也许从外面看非常低调和普通，但实际上在默默积蓄力量，通过系统零部件的研发，其工程研发能力获得了大幅提高。"之后，大伴作为 NETC 车辆研发的负责人，带领大家充分利用 NETC 的技术力量，重新启动 NETC 期待已久的类型 3 的研发工作，也就是道客的当地研发。

随着 NTC 对 NETC 评价看法的改变，双方之间的沟通交流也慢慢地变得频繁，横亘在双方间的鸿沟也逐渐被填平。志津田曾有如下叙述。

这段时期，NRD 凭借在 Xterra 和 TK 项目研发过程中的优异表现，给人留下了积极的印象。与之相比，NETC 虽然没什么大的动作，却给了人们一种自负的印象。这是因为系统零部件研发方式是 NETC 根据过去与欧洲零部件制造商的合作经验总结而出的，是一种强调独立性的研发方式，大部分工作是在 NETC 内部完成的，所以无形中就给了人们这种印象。但是，NETC 有必要认真对待人们的这个评价。因为系统零部件研发方式也存在严重问题。

NETC 在欧洲研发符合欧洲标准的零部件，日本 NTC 则研发通用的零部件，二者是并行的。而由于双方距离过远，研发的效率相对低下，这正是志津田所说的系统零部件研发方式所存在的问题。对 NETC 来说，不与 NTC 合作是不可能完成所有研发任务的。既然如此，就必须考虑怎样才能更加紧密地与 NTC 进行合作，并且更多地考虑 NETC 将如何为日产的整体发展做贡献。反之，NETC 的技术实力，也可以通过这种合作得以展示。

另外，“因为是海外研发，所以成本高昂和研发周期过长等问题都是不可避免的”，类似这种被区别对待的时代已经过去。在公司成立 10 周年之际，NRD 也好，NETC 也好，都到了必须证明自身优势的时候。因此，NETC 决定对系统零部件研发方式进行调整，改为以构想书形式向日本 NTC 提建议的方式。这一改变实际上是废止了系统零部件研发方式。通过该举措，NETC 彻底扭转了自身自负的形象，与 NTC 的沟通渠道再次变得畅通。这也是 NETC 在以类型 3 研发逍客过程中迈出的重要一步。

在中村幸纪担任社长期间，还有一个一直悬而未决的难题被攻克了。

这就是 NETC 与 NMISA 研发部门的合并问题。

> 和美国只有一个 NRD 不同的是，日产在欧洲有两个研发部门：英国的 NETC 和西班牙 NMISA 的研发部门，这两个研发组织是并行的。我赴任的时候，NETC 和 NMISA 之间存在着很多冲突和摩擦。这些冲突和摩擦包括双方在欧洲的职能划分等，由此导致的效率低下问题开始凸显。当时日产研发部门的高层想解散 NMISA 的研发部门，将其统一并入 NETC，但在实际操作过程却不怎么顺利。

NETC 的米尔伯恩和 NMISA 的博罗纳托都是优秀的领导者，中村的目标是在充分发挥二人智慧的同时，为 NETC 和 NMISA 研发部门的整合奠定基础。中村的解决方案是将博罗纳托的团队从 NMISA 的部门中独立出来，成立名为NETC Espana SA的公司，该公司将作为NETC的子公司存在。通过这样的方式，双方的合并问题得以顺利解决。

就这样，尽管在车辆研发方面没有什么大的动作，但 NETC 通过一系列操作，逐渐提高了自身的技术能力，并建立了比之前两个研发组织并行时更为高效的研发体制。随着与 NTC 方面的沟通渠道重新变得顺畅，NETC 的成员们也变得更加自信。其中，帕尔默、瓦德尔、康福斯和图格等英国管理人员的成长对 NETC 来说是一个巨大的收获。

到了中村时代的后半程，日产内部针对 NETC 的风向确实开始发生变化。

中村认为：“如果不能在此时适当地利用 NETC 的技术能力，NETC 内部这种自信的氛围就会被浪费。”中村曾在 NRD 参与 CR 项目，对类型 3 研发的重要意义深有感触，因此他真心希望海外的研发中心都能进行类型 3 的研发。而此时，NETC 内部诸如“我们想再次进行类型 3 的研发，我们已经完全准备好了”之类的声音也越来越多。

1999 年 3 月，中村回国，杉泽正基接任 NETC 社长。与此同时，日产与雷诺在日本签署协议，确立了双方的全球战略合作伙伴关系。卡洛斯·戈恩就任日产 COO。

第七章

世界の知で創る

再度挑战类型 3 研发

自立计划

对 NETC 来说，戈恩就任日产 COO 是一个重要转折点。1999 年 10 月，戈恩宣布了“日产复兴计划”。而作为这项体制改革的重要一环，日产开始将本地研发和本地生产作为一项重要的管理政策，同时启动了对海外子公司的审查、整合和重组工作。同年 5 月 5 日，戈恩访问了 NETC。

戈恩在访问时，召集 NETC 的高层们举行了一场午餐会。在此之前，日产的高层来访，一般不会在会上直接讨论一些使气氛变得不融洽的问题。但戈恩不同，他在会上开门见山地提出：“请在座的各位每人从 3 个方面说说日产的优势和劣势。”

这让所有出席会议的人瞬间感觉到一点，那就是“日产将有大的变化”。

2000 年 1 月，NETC 更名为 NTCE（日产技术中心・欧洲）。与此同时，如上文所述，在北美的 NRD 也更名为了 NTCNA。通过更名，戈恩传递出了“要在灵活运用各地独特性的同时，建立以 NTC 为中心的全球统一的研发体制”的信息。为了回应这一政策，日产将此前仍处于分散状态的欧洲各研发中心进行了重组，以 NTCE Espana、NTCE Brussels 等名义，统一归到 NTCE 旗下。整合后的 NTCE 作为欧洲统一的 R&D 中心发挥了重要作用。此时，NTCE 的员工数量达到了 640 名。在此期间，2000 年 6 月，前面提到过的大伴彰裕来到 NTCE 任职。

在戈恩的领导下，日产公司在降低成本方面的力度进一步加大。但是这与之前被动的降低成本不同，这是一项积极的举措。因为 NRP

（日产复兴计划）有一个明确的目标，即 V 字形复苏，只有触底才能反弹，所以展现给人的印象就是日产还在持续低迷。

大伴作为首席助理车辆工程师（Assistant Chief Vehicle Engineer，ACV），一边负责 Note 和 Micra 两种车型的本地化工作，一边致力于降低成本活动。

成立于 1988 年的 NETC，最开始时主要进行霹雳马和 Micra 的本地化以及以类型 3 的方式研发特兰诺 2 两项工作。与此同时，NETC 还致力于在欧洲建立一个研发体系，试验并探索“可以做什么”。正如植村所说：“NETC 的胸襟逐渐变得宽广，开始尝试挑战各种可能性。”这个过程虽然取得了一些成绩，但也经历过很多次失败，留下了很多问题。通过解决这些问题，NETC 逐步找准自身定位，明确了自身的优势。系统零部件研发就是 NETC 针对问题给出的答案之一。

戈恩到来之后，要求作为日产全球研发体系重要组成部分的各个研发组织，要达到与 NTC 一样的研发效率。他并没有因为 NETC 是海外研发组织就区别对待。同时，戈恩要求各个研发组织在研发周期、研发成本、研发质量等方面达到一定标准，从而取得在全球范围内互相合作的“成员资格”。大伴所提的降低成本活动就是必须完成的硬性标准之一。在此基础上，戈恩要求 NTCE 必须找到自身工作的意义和优越性，以及如何为日产的全球化做出贡献。由此，NTCE 进入了迈向下一阶段的准备期，以寻求 NTC 目前所不具备的海外研发的优越性。

只是租客

在这样的情况下，接替杉泽担任 NTCE 社长的是花冈基悦（现阿尔法社长）。他在 2001 年到 2006 年一直担任这一职务，是一位开朗、积极、头脑灵活且活跃的车身设计工程师。上任时的他仅仅 47 岁，而且从没有过海外任职的经历。对于这一任命他也感到非常突然。彼时，对日产的研发部门来说，海外任职已经是家常便饭，而且是一份很抢手的工作。为了使 NTCE 能在戈恩体制下充分发挥自身的真正价值，花冈把提升自身能力当作首要目标。但是，“由于我是第一次出国工作，对当地的管理机制并不熟悉，所以我刚上任时，在当地工程师中的评价并不高”。

出现这种情况也是因为花冈对自己多年以来积累的工作经验太过自信，他只看到了 NTCE 的不足之处。同时，为了能尽快地向日本方面展示 NTCE 是完全值得信赖的，取得日本方面的认可，他毫不客气地指出了 NTCE 的这些不足。而当地的工程师们则认为“花冈是单方面将自己的想法强加给大家”。缺乏大家的理解和支持，花冈的这些愿望最终都落空了。

时任日产副社长的大久保注意到了这种异常状况，他站出来大声疾呼：“我也有过与美国当地工程师互动的经验。我非常清楚，对当地的研发组织来说，我们就像是租客，终究是要回到日本的，而当地的工程师们才是房东，他们会始终坚守在那里，所以我们不要试图喧宾夺主。”

大久保在 NRD 成立初期也曾有过类似的经历。他的这番话讲的正是自己从那段经历中总结出的经验教训。花冈虚心地接受了大久保的建议，开始认识到自己的任务并不是一味地要求当地的工程师们，而是要想法设法地为他们创造一个好的环境，以提升他们的研发能力。大久保的一席话，也让花冈瞬间感觉到肩上的担子变轻了。

当然，要实现花冈的想法还有一条捷径，那就是将当地组织日本化，这样可以更容易地实现在日本掌控海外组织，并且可以在短时间内提升业绩。但是，这样一来，当地的研发组织就不会获得成长。既然已经在当地建立了研发组织，就要发挥其作用。简单的日本化会将建立当地研发组织的目标扼杀在萌芽中。这是从大久保开始，历任海外研发组织负责人总结出的心得。而此时，NTCE 已经拥有约 700 名员工，加上零部件供应商派驻的约 250 名工程师，NTCE 已初具千人规模。

与本田和丰田在欧洲的研发组织相比，NTCE 的不同之处在于其人员规模要大得多，而日本人所占的比例则小得多。例如，丰田设在布鲁塞尔的研发中心只有约 200 名员工。与之相对，NTCE 有员工 700 多人，而其中日本人只有约 40 人。日产海外研发中心成立之初就定下了以当地技术人员为中心的方针，并且很早就开始培养当地的领导人才。NTCE 日本员工比例之所以这么低，就是因为这项方针起的作用，也是其致力于人力资源本地化取得的成果。

此时，安迪·帕尔默已经成为 NTCE 的副社长（现任日产总部常务董事），格雷哈姆·康福斯成为总经理（现任由雷诺和日产合资的印度运营公司日方负责人）。在花冈的带领下，此时的 NTCE 形成了以上述几人为领导核心，英国人、比利时人、法国人、西班牙人、德国人等多国团队活跃在一线的研发体制。日本人已经变成了配角。

NTCE 的夙愿——类型 3 研发之前

对日产来说，美国市场的销售额和收益规模都相当可观，被认为是一个极为重要的市场。戈恩也喊出了要重视北美市场的口号。正因如此，NRD/NTCNA 比较顺利地实现了组织的扩充以及职能的增加。正如上文讲述，NRD/NTCNA 以 Xterra 和第三代 Altima 的研发为基础，陆续以类型 3 方式研发了泰坦、阿玛达、第三代贵士等经典车型。

另外，相比于美国和日本市场，日产在欧洲市场的销售额和利润要小得多。这也必然导致日产对 NTCE 的投资规模减小。此外，当时的经济形势和事业规模也影响了 NTCE 组织的发展。NTCE 刚成立时相关人员打算为整个欧洲市场生产汽车的想法并没有变为现实，除了以类型 3 的方式研发了特兰诺 2 以外，NTCE 不得不将大部分精力放在 NMUK 生产车型的本地化工作上，也就是将精力都放在了生产支援上。因此，NTCE 在成立初期时业务繁忙，并为此增强了人员力量，但是在这之后，却陷入了缺乏稳定且重要的项目的困境。花冈来到 NTCE 时，面对的就是这样一种局面。

包括日本员工在内，NTCE 的员工们都面临着一个课题，那就是证明当地研发组织存在的意义。而且，当地的工程师们比任何人能更强烈地感受到这种危机感。

雷诺在巴黎郊外有一个巨大的研发基地（雷诺技术中心），其规模和实力远远超过了 NTCE，可以与 NTC 相匹敌。

既然与雷诺的全球合作体系已经建成，而雷诺也有研发部门，那么 NTCE 就没有存在的必要。不知道 NTC 是不是也这么认为的。

在NTCE中，有此担心的人不在少数。正是因为这种危机感，NTCE内部关于自身存在意义的讨论变得热烈起来。

> 如果NTCE解散了，有没有组织可以取代它？
>
> NTCE需要怎样改变，才能使自身变得不可或缺？

通过这样的讨论，NTCE的主要成员们得出了以下两个结论。

> 第一，为了不被其他的欧洲研发组织取代，就必须使自己成为一个拥有日产DNA，且能够创造出日产特有价值的组织。如果能做到这一点，NTCE就具备了自身特殊的职能和作用，也就不会被雷诺的技术中心所取代。第二，要成为一个NTC无法替代的研发组织。就必须谋求和NTC的差异化发展，使自身成为一个能够充分利用欧洲一线市场和技术优势创造价值、在日产内部独具一格的研发组织。

通过这样的讨论，NTCE明确了自身追求的方向，即成长为一个能够面向欧洲市场、以类型3方式研发汽车的组织。

通过自己的努力，从零开始研发一辆汽车是很多工程师的梦想。虽然已经有过以类型3方式研发特兰诺2的成功经验，但那只不过是在一个小的细分市场上取得的小小的成功。而现在NTCE想要的是全面地进行类型3的研发并取得成功，从而为日产在欧洲市场的业务拓展贡献更大的力量。这被认为是决定NTCE未来的重要课题。

就在讨论的过程中，机会终于到来了！NTCE被委托进行“阿尔梅拉（N16型）”的后继车型的研发。这是一款被定义为C级两厢乘用车的替代车型。阿尔梅拉是一款在英国工厂生产的专门针对海外市场的小型车，在日本被称为 Pulsar。这款车自 2001 年 1 月起在欧洲市场上发售。该车计划于 2006 年停产，因此按照计划必须研发一款新的车型来取代它。

为了这一研发项目，NTCE 将以图格为首的 30 名精英工程师送到了 NTC。这是自 NTCNA 在 TK（第三代 Altima）项目研发过程中执行大规模派遣计划以来，再次有海外研发组织进行类似的大规模派遣活动。

和美国 NTCNA 一样，花冈决定采用这一计划也在打自己的小算盘。

> 当时 NTCE 人员严重过剩，为了避免出现为取得收支平衡而裁员的情况出现，我制订了这一计划，将数十人派往 NTC 任职。

人才靠的是质量，而不是数量。但是，要保证质量，就需要员工们不断积累经验并共享日产的隐性知识。如果仅仅因为忙碌的时期已经过去就进行裁员，那么这些好不容易积累起来的宝贵的经验和知识也将随之消失了。对 NTCE 来说，忙碌的时期已经过去，也就无法维持现有的人员规模。但对 NTC 来说，由于人员短缺问题而一直处于高度忙碌的状态。从 NTCE 派遣一个团队支援 NTC，既可以缓解 NTC 的工作压力，也可以避免 NTCE 陷入被迫裁员的困境。

花冈等人认真地和每一位即将赴 NTC 任职的当地工程师进行了面谈。这些工程师的派遣期限为一到两年。虽然这是一种缓解人才过剩危机的苦肉计，但取得的效果与当初 NRD 在 TK 项目研发初期向 NTC 大量派遣工程师是一样的。通过这一举措，NTCE 在让派遣工程师们切身感受并吸收 NTC 的隐性知识的同时，也建立了与 NTC 密不可分的人力资源网络，大大加深了日欧之间的合作。在 NTC 的工作经验给了这些工程师们亲身感受并共享隐性知识的机会，这是通过文字学习不到的宝贵资源。这些人掌握了日产式制造方式的精髓，同时大幅提高了与 NTC 协作的效率，又增强了彼此之间的信赖感，形成了良性循环。在这样的形势下，每个人都开始考虑启动类型 3 的研发。

但是，在经过周密的成本计算后，NTCE 明确地认识到这个项目无法获得利润。最终，这个项目的总负责人今井英二决定中止项目。当时在 NTCE 担任研发负责人的矢形昌己说："这是一件让人难以释怀的事情，发生在 2002 年 12 月 13 日，星期五。"在图格的带领下，为了这个项目而派驻 NTC 的工程师们，在听到这一消息后，都无力地垂下了肩膀。他们中除了一部分人继续留在 NTC 学习外，大部分人都回到了欧洲。而在焦急地等待着 NTCE 开始类型 3 研发的人们，对这个决定也感到沮丧。

然而，NTCE 的工程师们并没有放弃，而是和 NTC 一起，对车型概念进行了重新推敲。虽然这次企划因为收益性的问题没有实施，但是需要一款小型车来替代阿尔梅拉的需求并没有改变。另外，两厢车是欧洲汽车制造商最擅长的领域，是否有必要在这个领域与欧洲汽车制造商硬碰硬是一个问题。而且，同为 C 级车，日产可以选择在 SUV 领域展开竞争。毕竟在欧洲，日产因为途乐和特兰诺 2 两款 SUV 车型的成功，普遍被认为是一家优秀的 SUV 制造商。

"研发一款 C 级的 SUV 怎么样"，一些人开始有了这样的想法。

如果研发一款具备轿车般行驶性能的新型 SUV，应该可以期待其在欧洲市场上的表现。以卡车平台为基础的 SUV 是由 NMISA 负责的，以轿车平台为基础的 SUV，则可以交由 NTCE 和 NMUK 共同负责。SUV 车型的销售价格会高一些，整个项目也就变得有利可图了。

秉承着永不放弃的精神，NTCE 的工程师们想出了这一令项目起死回生的构思，并成功催生了逍客（日本称为 Dualis）车型的诞生。

进发！逍客的类型 3 研发

根据大伴的说法，当戈恩就任 CEO 时，NTCE 内部发出了“要成为一个从零开始研发汽车的组织”的呼声。NTCE 副社长帕尔默在戈恩访问 NTCE 的时候将这种声音转达给了他。

> NTCE 有足够的能力进行类型 3 的研发，请给我们一个机会，让我们证明自己。

在介绍了 NTCE 的实力后，帕尔默直言不讳地对戈恩说，请一定把逍客的研发权交给 NTCE。帕尔默平时极具渲染力的演讲能力，在这天更是表现得淋漓尽致。他把 NTCE 全体工作人员的希望都押在了戈恩身上。戈恩冷静地分析了 NTCE 的实力后，批准了他们关于类型 3 研发的请求。就这样，20 年来的梦想，也是每个人都渴望的类型 3 的研发再次启动了。

接任花冈担任 NTCE 社长的村上秀人在谈到这件事时有如下表述。

> 按照分工，逍客的设计和制造将全部在欧洲进行。在研发环节，动力总成和发动机由 NTC 负责，整个车体则由 NTCE 从零开始进行研发。这款车将主要面向欧洲市场。此外，这款车还将推出柴油机和手动挡车型，这两种车型将由日产和雷诺联合进行研发。这是 NTCE 第一次在欧洲拼尽全力。NTCE 对日产在欧洲的队伍能够全面参与欧洲研发工作感到兴奋。面对这一战，NTCE 决心全力一搏。

要想成功进行类型3的研发，对NTCE来说，哪些东西是必要的——在研发之前，NTCE的管理团队对这一课题进行了深入而彻底的探讨。帕尔默在谈起讨论结果时有如下叙述。

> 英国人拥有很强的决断力和执行力，但缺乏在更广泛领域内的主人翁意识，他们很少跳出自身负责的领域，也很少通过横向沟通解决各种各样的问题，不会像日本人一样，经常给别人“擦屁股”。而且他们中的很多人只会注意自己所负责领域的设计图纸，从项目整体角度看问题的意识很弱。这样，即使在某一部分做到极致，也很难保证项目整体效果，很容易出现模具成型后，零件之间不兼容的情形，而这种情形通常很难处理。如果不能改变这种研发意识和工作方式，将其调整为日产式风格，就很难在类型3的研发中取得成功。毕竟类型3的研发要比迄今为止所进行的那些类型1和类型2的研发困难得多。

幸运的是，通过上文提及的大规模派遣计划，很多NTCE的工程师亲身接触到了日本的研发组织和日本工程师，了解了日本式的工作风格。虽然他们在NTC停留的时间很短，但积累了很多与日本工程师共事的经验，也注意到了NTC不同的组织架构和企业文化。用帕尔默的一句话来形容日产式的工作风格就是“用心灵沟通”。

这些工程师常驻NTC，可以直观地体验到日本组织架构和研发风格的优点，例如“横向沟通”“整体最优思想”和“不故步自封，能够灵活应对全部挑战的能力”等。在将这些优点加以吸收的同时，他们也与NTC的日本工程师们建立了良好的沟通渠道。这些精英工程师在NTCE的变革中率先垂范，起到了很好的引导作用。有了类型3研发这样的大目标，大家都对工作风格的改革持支持态度。就这样，NTCE 利用日产式工作方式，将类型 3 研发过程中的一些要点转化成形式化知识与大家共享。而公司的每个人都坚决地贯彻了这些要点，以期类型 3 的研发能够取得完美的结果。

> 产品的企划做得不错，造型也很好，剩下的就是我们能够实现到什么程度了。

公司的每个人都跃跃欲试，蓄势待发。

“如果 NTCE 的研发进展不顺利，NTC 应该很快就会站出来接手。所以，即使 NTCE 实力不足，也不用担心项目失败。万一陷入 NTC 接手的状况，日产也一样能在这个项目中取得成功。但是这样一来，NTCE 的当地工程师们就无法获得成长，也就动摇了 NTCE 存在的意义。即使勉强保住了 NTCE 的牌子，也很难再获得以类型 3 方式进行研发的机会了。”正是抱着这样的想法，NTCE 的员工们决定背水一战。

在这种背景下诞生的逍客是日产公司首款真正的由日欧合作研发的车型，也是日欧智慧的结晶。其设计和制造是在欧洲完成的，而设计研发则是通过日欧合作，也就是日产和雷诺合作完成的。这是日产历史上从未有过的。

逍客主打的概念是“小型跨界 SUV”，综合了 SUV 和在欧洲非常受欢迎的两厢车的特点。这款车采用的是轿车的承载式底盘结构，而不是卡车上的非承载式底盘结构①。虽然采用这样的设计在越野性能上无法和采用非

① 非承载式底盘有大梁车架，发动机、悬挂和车身都安装在车架上，具有通过性好、承载力强等特点，缺点是重心高、易共振，一般的卡车和专业越野车都采用这种底盘；承载式底盘无大梁车架，具有质量小、高度低、易装配、高速行驶稳定性好等优点，载重量小、通过性差。——译者注

承载式底盘结构的 SUV 相媲美，但对一般家庭也够用了，而且它还有非承载式底盘所不具备的、可以媲美轿车的公路行驶性能、乘坐舒适性以及油耗。

凭借这种新颖的概念以及别致的造型，逍客在日内瓦车展上的首次亮相就赚足了眼球。另外，因为兼具两厢车的操控性能和 SUV 的宽敞内部空间及居家性，逍客成了展会的焦点。虽然特兰诺 2 也把都市青年作为目标客户群体，但它是一款以卡车平台为基础研发的 SUV。逍客在此基础上更进一步，提出了一种拥有轿车般驾乘感受的 SUV 的概念，成功地抓住了这一客户群的诉求。对“逍客”（QASHQAI）这个词可能大家还很陌生，它源于某个游牧民族的名称，寓意是拥有像该民族一样赶着羊群、在山丘地带迁徙的行动力。随着媒体的传播，逍客在日内瓦车展上获得的极高评价，变得广为人知。

真正的实力是什么？

对 NTCE 来说，逍客的研发意义重大，除了是他们首次真正意义上的类型 3 研发外，还涉及很多其他复杂的元素。为了使自身成为真正独立的研发基地，NTCE 必须同时应对多项要求。其中之一就是，这是 NTCE 首次利用全数字化方式进行批量研发。在研发过程中，他们使用了三维制图软件 CAD 和数据库系统进行无纸化（无手画图纸）标准安排。在这一点上，NTEC 与 NTC 是一样的，并没有被特殊对待——这种现象的出现对 NTCE 来说非常关键。

在汽车行业，各个公司都在争相简化研发流程和缩短研发周期。20 世纪 80 年代左右，从决定研发到工厂开始批量生产之间的平均研发周期是 30 个月。之后，通过利用 CAD 和 CAM 等研发软件，众多汽车公司将研发周期缩短为 20 个月左右。而日产则推动了这一进程，创建了新的研发流程，基于全数字化的批量研发方式，通过数字模拟和仿真，进一步缩短了研发周期。

在本地研发过程中，如何压缩研发周期也是 NTCE 面临的一个很大的课题。到目前为止，海外研发中心在研发效率和成本方面，都无法达到 NTC 的水准，这也成了压缩研发周期的一大障碍。但是，为了实现全面的全球化研发体系，使各个研发中心都能够独当一面，就有必要认真应对这一情况，采取有力措施加以解决。在戈恩体制下，对于责任的考量和对未来展望的承诺方式，与传统的含糊不清的日本式中庸主义完全不同。对 NTCE 来说，随着地位的提升，其责任也变得更重，这些障碍无法再成为失败的借口。最终，NTCE 被要求以近乎 NTC 的生产率和成本完成逍客的本地研发。如果成功，NTCE 将被视为一个可以独当一面的研发中心而被大家认可。

对 NTCE 来说，另一个挑战是如何践行与市场的对话机制。NTCE 必须抓住这个宝贵机会，准确地把握欧洲市场的需求，将其融入技术和产品之中，从而展现出自身与市场对话的能力，体现出自身的真正价值。这样一来，既能够体现出与 NTC 的区别，又能阐明自身存在的意义。

与日本和美国市场相比，欧洲市场有着自身的独特性，是一个由不同国家组成的集合体，每个国家都有不同的“口味”。简而言之，虽然都属于欧洲，但每个国家的路面情况不同，驾驶习惯也不一样，因此其对汽车的要求也不同。正因如此，英国、德国、法国和西班牙对于汽车的感官性评价和定性评价的标准都不一样。德国的汽车制造商以掌握本国技术的德国工程师为中心，面向德国人和德国市场进行汽车制造。同样，法国的汽车制造商主要面向法国研发汽车。因此，欧洲不同国家制造的汽车都有着明显的个性标签，并逐渐被其他国家所认可。

那么，日产在英国所要研发的这款汽车，该贴上怎样的标签呢？站在一个什么样的立场上研发的汽车才能被欧洲市场所接受呢？如果这款车的定位是面向日本人和日本市场，那么在NTC进行研发是最好的选择。“日本的汽车要在欧洲立足，需要主打什么概念”，这是NTCE需要思考的问题。

针对这一问题，NTCE给出的答案是，跨越国界，集合所有想要制造一辆日产式风格汽车的不同国家的工程师们进行共同创造。在欧洲，日产汽车所拥有的运动能力已经逐渐被大家所接受和认可，成了日产汽车在欧洲的标签之一。这其中，霹雳马和GT-R贡献巨大。除了日本和英国工程师之外，NTCE还拥有来自德国、法国、西班牙、比利时以及俄罗斯等国的工程师。这种多样化的、跨文化的组织架构是NTC和NTCNA所不具备的，NTCE所独有的特性之一。村上说：“我们已经掌握了针对这种多样性的管理能力，员工间已经能够对彼此的隐性知识进行解读。”花冈、村上和帕尔默等人考虑将这种组织优势转化为技术优势，并把日产所特有的运动能力赋予逍客。在Micra K12的研发中，史蒂夫·罗宾斯因其出色的运动性能调教能力而享誉盛名。他通过研发新的技术，将电动助力转向系统调教出了类似手动挡汽车的操控感。这种操控感是NTC研发的汽车所不具备的。在欧洲 JD POWER[①] 关于汽车转向性的评估中，K12 已经连续 3 年获得第一。NTCE 决定以这种积淀为基础，充分利用自身的多样性，研发一款可以在欧洲竞争的四驱车型。“来自欧洲各国的工程师，需要彻底地了解欧洲各国、各地区的用户们都有什么样的驾驶习惯，喜欢什么样的驾驶感受，然后提出日产所独有的设计提案，以证明 NTCE 存在的价值。”罗宾斯也参与了逍客动力系统的研发过程。

要实现这一目标，空气动力学、柴油发动机和手动变速箱将是关键。这些因素对 NTCE 研发的汽车能否立足欧洲市场至关重要。NTCE 必须在这些关键要素上体现出自身与众不同的实力。为此，NTCE 宣布将在德国波鸿建立一个新的实验基地，集合 NTCE 的多元化知识解决所有空气动力学、动力性能和燃油效率问题。这已经远远超出了 NTCE 所负责的车体设计的范畴。对此，NTC 表示十分关注并提出了反对意见：“你们真的能做到吗？”在日本方面，只有 NTC 具备这样的实力。NTC 的成员们也为这一点而感到相当自豪。确实，NTCE 拥有多元化的知识，但这仍然只能算是潜力。他们缺乏像 NTC 那样的经验和专业知识。然而，大伴等人并未因为这些反对的声音而退缩，一直努力在做 NTC 方面的工作，希望征得他们的同意。

大伴劝说道：“NTC 在日本国内、中国和美国有大量的业务，应该会疲于应付，很难再有余力参与逍客的研发了吧？我们能力上尚有不足的地方，但我们会虚心地向 NTC 请教学习，所以无论如何请让我们试一试。”

① JD POWER 是一家权威的市场调查机构。该机构每年都对众多的汽车用户进行调查，以评选出各细分市场的优胜车型和排名。其调查直接来源于消费者的反馈，排名完全反映消费者的消费体验，是全球最权威的专业消费者调研机构。——译者注

虽说 NTC 只负责逍客平台的研发，但负责车体研发的 NTCE 也不能随意行动，必须与 NTC 保持一致。这样一来，如果能够创造双方在同一屋檐下工作的机会，就能合作制造出更好的汽车。NTCE 再一次意识到了仅靠明确的责任和权限无法取得成功，团队合作才是最重要的。就这样，NTCE 再次启动了大规模派遣计划，将以戴夫·德里克为首的 20 名工程师送到了 NTC。由日欧合作共同推进的车辆运动能力（Dynamic Performance，又称动态性能）研发项目正式启动。如果 NTCE 和 NTC 的工程师们只是通过打电话、发邮件的形式进行交流，这个项目绝对不会如此顺利。彼此都知道对方是谁，却不知道对方是一个什么样的人，这样是行不通的。只有彼此了解对方，才能更好地合作并有序开展工作——这是大伴经过多年的工作经验所得出的人生信条。

对于在 NTC 负责逍客平台研发的工程师们来说也是如此。虽然平台和车体是独立的两部分，但是这两部分如果不能很好地融合在一起也不行。如果不知道车体面向哪个市场以及针对怎样的需求研发，也就不能研发出好的平台。NTCE 工程师们的重要任务是将市场需求传达给平台研发人员，尽可能发挥他们的一线作用。对于 NTC 来说，NTCE 工程师的到来也起到了很大作用。

NTCE 的研发团队决定首先从空气动力学入手。尽管 NTCE 在系统零部件的设计方面积累了丰富的经验，但实际上还没有从零开始进行车身设计的经验。他们虽然已经以类型 3 的方式研发了特兰诺 2，但当时可以基于初代特兰诺的图纸进行设计，从零开始设计图纸这还是第一次。这是他们遇到的第一个挑战，但是在 NTC 和日产科技的帮助下，NTCE 成功闯过了难关。从此，一切开始步入正轨。

英国工程师凯文·哈克在逍客的研发中负责制定符合欧洲标准的目标性能。关于逍客成功的主要原因，他说："逍客的平台几乎完美，内部装饰也很欧式。"哈克 1990 年进入 NETC，被分配到了车辆试验部，是公司的一名老前辈。NTCE 不仅在车体设计方面做了应做的一切，还在变速箱等平台项目的研发中扮演了重要的一线角色，充分发挥了自身在性能设计方面的实力，哈克对此感到十分骄傲。这也是 NTCE 在欧洲能够取得成功的重要原因。

在保守的欧洲市场上，日产汽车的手动变速箱并没有得到很高的评价。因此，逍客使用了一款基于雷诺的产品研发的、符合欧洲规格的手动变速箱。在这款变速箱的研发过程中，NTCE 积极参与。最终，雷诺、NTC、NTCE 三方共同合作，成功取得了突破。柴油发动机的研发也是一样的，而且在这个过程中还有西班牙团队的参与。

哈克在回忆起当时的情景时感慨地说道："据我所知，和 NTC（日本）之间的合作之顺利，是前所未有的。当时，美国的 NTCNA 基于同样的平台，研发了一款名为 Rogue 的 SUV 车型。这也使得 NTCE 和 NTCNA 之间的合作比以往任何时候都更加紧密和顺畅。从这个意义上来说，逍客的研发项目翻开了日产研发史上崭新的一页。"

在逍客的研发过程中还出现了一个新现象——NTC 和 NTCE 的站位开始颠倒了。NTCE 开始负责面向欧洲和日本市场进行研发。之后，NTC 负责面对中国等市场的研发，对 NTCE 的研发只是进行小规格更改。另外，必须由 NTC 负责引入新的技术这一惯例也被打破了。例如，在逍客上首次采用的玻璃天窗。虽说这款天窗的使用离不开与雷诺和 NTC 的合作，但这是 NTCE 首次研发、引进的。

担任 NTCE 车体研发部长的牧山刚久在回顾逍客的研发历程时说道："当时是我第二次赴 NTCE 任职。在研发逍客时，日本派遣人员的心情与之前完全不同，没有了以往的那种挫败感。而且针对同一件事情，他们需要花费的精力只有过去的几分之一。"

至于原因，牧山表示："我不认为 NTCE 所有的当地工程师都获得了显著的成长。但是，他们至少对日产的工作方式（NTC Way）有了近乎 100% 的理解。其中也有部分在实践 NTC Way 的过程中脱颖而出的工程师，他们对这种方式的理解甚至达到了 120%。他们成了 NTCE 发展的原动力，也成就了今天的 NTCE。"

把目光转向世界

逍客是一款性能优良的汽车。因此，日产决定在完善产品企划的同时，跳出欧洲，将逍客的销售范围扩大至日本、北美以及中国等市场。此时，负责研发这种"领先车型"的 NTCE 责任变得更为重大。他们要以这款专门针对欧洲市场定制的车型为基础，研发面向世界各地市场的 SUV。为此，NTCE 将工程师们分散到了世界各地。他们不仅仅要把握欧洲市场的需求，还要承担与世界各国的日产研发工程师们的协调工作。他们中的很多人都是第一次承担协调工作。村上曾有如下表述。

> 逍客的声誉远远超出了想象，庞大的市场需求导致 NMUK 的产能严重不足。这是由欧洲智慧创造出的造型和概念的胜利。

对于日产的伦敦设计中心来说，这是他们完成的第一款量产车型的设计。这款车既给人一种狂野的感觉，又十分契合都市生活。这种力与美的结合，与日产推出的“楼兰”等车型有着异曲同工之妙。

此外，逍客兼具SUV的优点与轿车的运动能力，这种概念也大获成功。具体来说，逍客充分利用雷诺的柴油发动机和手动变速箱，实现了与传统SUV所不同的敏捷且稳定的操作性能。而与此同时，SUV视野好、内部空间大的优势都被保留了下来，高大、坚固的形象也获得了好评。传统的SUV，往往与“高性能”这个词不沾边，重心高、起步慢、转弯半径大、刹停距离长，都是传统SUV带给大家的印象。也就是说，SUV的优点都以牺牲运动性能为代价。因此，选择SUV还是轿车，对用户来说是一件令人头疼的事。逍客十分注重日产传统的运动性能，并没有因为是SUV就牺牲这些。2007年2月，逍客开始在欧洲市场上销售，一上市就获得了极高的人气。

卡洛斯·戈恩在逍客的欧洲发布仪式上表示：“我们预计逍客在欧洲的年销量将超过10万辆。”事实证明，戈恩的预测错了，他低估了逍客的魅力。逍客上市后始终保持畅销状态。不久之后，NMUK决定将逍客的年产量提高到20万辆。

如今，逍客提出的紧凑型跨界SUV的新概念不仅在欧洲引起关注，在世界范围内更是掀起了新的热潮。2007年5月，日产针对日本市场推出了逍客的姊妹车型“Dualis”，这款车由NMUK生产。与逍客相比，该车型换装了2.0 L汽油发动机。之后，这一车型开始交由日本的九州工厂生产。此外，经过小改动，逍客也开始在澳大利亚、南非和中东地区销售。

在2007年秋季举办的广州车展上，逍客完成了其在中国的首次亮相。2008年3月，日产的中国合资公司东风汽车有限公司开始在中国市场正式推出该车型。面向中国市场的逍客是由东风日产广州花都分公司的工厂制造的。中国也成为继英国、日本之后，第三个生产逍客的国家。当时统领日产中国市场的是担任东风汽车有限公司总裁的中村公泰，他曾担任 NETC 的首任社长。而且，日产还在美国当地生产并发售了逍客的北美版车型“Rogue”。

就这样，NTCE 从概念制作开始，一步步地完成了类型 3 的研发，其不仅是在欧洲取得了销售上的成功，还具备了研发面向全球市场的车型的能力，也给日产内部带来了极大冲击。这也标志着日产的全球研发体系正式运行。而此时担任 NTCE 社长的村上也正在积极推行这种全球化行动。村上是一名性格率直的工程师，外表沉稳却敢于决断。他在努力提高 NTCE QCD 能力的同时，还注重发挥英国工程师在形式化和标准化方面的优势以及欧洲工程师们在多元化和协作能力方面的优势，推动着 NTCE 向着“制造享誉世界的汽车”前进。在戈恩和山下的体制下，日产的汽车制造已经在全球范围内展开，并且已经在墨西哥和印度等地也开展了设计业务。在这种形势下，打造无论何时何地都能和任何人合作进行研发的基础设施，已经成为日产研发团队的重要课题。而通过努力拼搏积累了丰富经验的 NTCE 的工程师们，无疑是最接近于完成这项课题的一群人。

逍客的成功带给 NTCE 最大的财富是提升了 NTCE 的研发工程师们应对这种巨大挑战的自信。NTCE 成立于欧洲，旨在成为一个为欧洲市场生产汽车的组织。但是自成立以来，其成员在被质疑自身存在感的同时，默默地进行着局部性的研发以及类型 2 的研发工作。在这个过程中，他们一边致力于提高与欧洲各国市场的对话能力并努力吸收 NTC 的隐性知识，一边运用知识管理积累研发经验，熟悉研发流程，最终构筑了一种能充分发挥欧洲多元化优势的、欧洲式的日产汽车研发体系。逍客的成功表明，NTCE有足够的潜能在欧洲研发面向欧洲市场的汽车。与此同时，NTCE还展示了其与日本、中国、美国等国合作共创的能力。也许今后NTCE也会越来越多地和欧洲以外的团队合作，积极参与欧洲地区以外的汽车制造。作为日产全球研发体系的一员，NTCE的工程师们动力十足，跃跃欲试，准备迎接下一个挑战。现在，他们热切的目光已经越过了欧洲，望向了整个世界。

第三部分

世界の知で創る

利用全球知识进行创造——全球意识

第八章

世界の知で創る

全球知识的综合——随时随地共同创造

三大概念

在第一部分和第二部分中，我们介绍了日产一路走来的海外研发历程，那么它具有怎样的特征呢？日产的经营者和工程师们怀有一个强烈的愿望，想要跳出本国的局限，与海外市场直接对话，充分利用国外的技术优势，凝聚全世界的智慧开展工作，打造全球市场公认的卓越汽车。为了实现这一目标，他们不断突破原有框架的束缚，这对他们来说是自然而然的、合理的选择。因此，他们努力实现“全球知识共创”，构建能够汇集全世界的多元化知识的过程。这是一个综合化的过程，来自日本本土知识的转移和国外知识的相互碰撞，全体日产人在互相尊重的基础上持续完善该过程。全球知识综合的美好愿景正是日产的一大显著特征，是 20 多年来日产人锐意进取的底色。

通常情况下，人们会先提出“高大上”的规划，做好细致周到的准备，然后再启动某一愿景。但是日产人并没有这样做，而是抓住恰当的时机，“摸着石头过河”。在制造出优秀车型的理想推动下，他们作为先行者，直面全球化的现实状况，不断试错，勇于挑战。“重视一线”“试着做了才知道”“绞尽脑汁，将设想变成现实”，以这些理念为中心并重视实践的企业文化帮助日产成功应对前所未有的巨大挑战，这可以说是日产海外研发的另一特征。

在 20 多年的历程中，日产非常注重培养人才，提高团队士气，探索如何才能让全世界的工程师们进行共同创造，怎样使他们共享并丰富具有日产特色的隐性知识，如何培养能够妥善管理并领导来自不同领域的工程师们的管理者……知识蕴藏于每一个人身上，所以全世界日产人之间的情感知识的共享也必不可少。日产在全球知识共创的人才培养和团队建设方面倾注了大量心血，为他们提供良好的环境，支撑着他们完成一个又一个困难重重的项目，这便是日产的第三个特征。

我们将日产的上述特征总结为三个重要概念，在第三部分中进行详细讨论。

- 全球知识综合的过程。
- 基于美好愿景的实践主义。
- 全球化的知识创造团队。

二律背反、多律背反的汽车制造

首先我们来谈一谈“全球知识综合”的过程，这是一个开放性的研发过程，日产的全体工程师随时可以在全球范围内共同开展设计研发工作。日系汽车的研发原本多为潜移默化的过程，技术人员在一起讨论“设计信息”，即包含了个人创意的、灵活的概念性知识，根据“三现主义”打造出实实在在的产品。为了保持创新，他们把隐性知识综合起来，在综合的过程中，他们通过“场”辩证地进行知识的碰撞，将知识转化为更加出色的产品。迄今为止，日本企业以日本人为主体，仅在日本这个封闭的世界里重复着这种做法，曾经的日产也不例外。但是，日产成了日本首家在全球范围内推广“知识综合”的企业，汇集了全世界工程师的智慧，创造出企业运行机制、管理和文化的“原型”，使全球日产人在最适宜的场所实现源自生产经营一线的创新，这种全新的模式便是“全球知识综合过程”。起源于美国的“维基经济学”[1]式的研发模式以IT产业为主体，将个人的独创性和敢于挑战的精神转化为现实中的集体智慧。与之形成鲜明对比的是，日本式的“思想领导力”（Thought Leadership）更加重视生产经营一线的隐性知识，依靠全球知识进行共同创造。

汽车的设计研发涉及为数众多的零部件，产品制造的第一线环环相扣、彼此关联。工程师们调整各个环节，使其相互磨合，同时不断创新，把它们融合到同一张设计图中。他们在二律背反、多律背反的条件下持续开展如下大量的知识综合工作。

- 共享汽车研发理念。
- 从“性能”着手，用技术解决问题。
- 确定具体的技术规范，完成设计图纸。
- 作为前提条件，从全局出发理解并共享一切相关要素，如市场需求、社会要求、法律法规、汽车研发与本公司全体团队之间的关系、技术发展方向、竞争对手的动向等。
- 确定、平衡、调整各项要素的优先顺序，包括技术、设计、独有特征、不同型号、成本、工程能力、生产率、交货日期、质量、与其他业务之间的资源分配、全球性工序、本土生产或海外生产的选择等。
- 根据发货地点做出合理安排，分配相应的资源。
- 考虑综合效益以及贯穿车型生命周期的利润管理、产品战略。

---

① 维基经济学主要研究大规模协作如何改变企业运作模式、商业模式等问题，以开放、对等、共享、全球运作四个准则为基础。——译者注

这些工作涉及多达 3 万件的零部件设计、试制、实验、采购、生产、产品设计与策划等，工作需要凝聚全公司之力，开展跨部门的协调与综合，只有妥善完成了以上项目，才能制造出汽车这种商品。这一综合化的过程非常复杂，日产不仅将其应用于公司内部，还与许多国内外的零部件生产商共同推进。在 20 年前，整个流程大概需要花费 30 个月，而现在最短只需 10 个月左右。在短短的时间里，包括零部件生产商在内的几千名技术人员把自己的智慧浓缩到大约长 4 米、宽 1.7 米、高 1.4 米的车内空间上。很多时候，日本员工只有用日语交流，彼此熟悉、互相了解，才能顺利地推动各项工作，这是一种基于一点就透、心有灵犀的默契关系的机制。在日本，日产已经与 NTC 的各部门及外部供应商一道建立起具有日产特色的密切联系，并构建了以隐性知识为基础、综合了多种知识的复杂而灵活的生产研发模式。在这一方面，丰田、本田以及其他汽车制造商亦是如此。

日产致力于全球知识综合，力争把这种基于隐性知识的、复杂且富有智慧的研发模式向全世界推广。世界各国的人才汇聚在一起，把海量的知识综合起来，逐渐形成了强大的组织能力，不依赖于日本而自主设计出 Xterra、泰坦、逍客等畅销车型。他们积累了来自全世界的技术经验，可以“随时随地共同创造”，形成了日产特有的模式。

超越产品制造，融入产品体验

日产打造的这一模式还体现出超越了制造业中所谓“磨合”的一面。在零部件之间的结合实现了标准化的条件下，“组合型”研发比“磨合型”更加有效，只要把现有的零部件组装起来，就能生产出多种多样的产品。

相比之下，在制约条件较多的情况下，“磨合型”研发的效果更好，只有不断调整零部件的设计，使其相互磨合，为每一种产品制定最合适的设计方案，才能保证良好的性能。个人电脑是组合型产品的代表，而汽车是磨合型产品的典型。日本的汽车产业之所以强大，正是因为磨合型的工作方式非常符合日本人的习惯。

磨合型的工作方式不是以显性知识的形式标明所有的条件，再进行确认和商议，而是共享隐性知识，在相互理解对方想法的同时，反复进行微调，从而完成整体工作。因此，在磨合型研发中，一起工作的员工之间的“关联性”尤为重要。我们把员工拥有的隐性知识的质量、隐性知识的共享程度以及磨合的目标这 3 点统称为“关联性”。如果关联性较强，员工们就能默契地共享自己固有的思维方式和工作方式（推动工作开展的 DNA），在大致了解应该做什么、不能回避什么、不能做什么的基础上，分享自己所处的具体情况，做出自主判断，同时积极地提出彼此都可以接受的方案。只要形成了一定的关联性，即便彼此具有离散的特征，也易于自主地、顺利地进行磨合。

以这种密切的关联性为基础的磨合型工作方式虽然没有用白纸黑字的形式固定下来，但日产、本田、丰田、奔驰等车企都凭借它创造出独树一帜的风格。在汽车行业，制造商的“个性”非常鲜明；与此相反，作为模块组合型的代表，个人电脑的制造商并未表现出与众不同的特点。

不过，个人电脑等 IT 领域的产品并非都是由模块组合起来的，其仍然存在着差异。苹果公司是运用模块组合的典型，在全球范围内制造产品，然而它却创造出了 iPod、iPhone 等极具个性的、苹果独有的、激动人心的产品。将设计、软件、服务等融合起来，加入产品之中，向消费者宣传使用该商品时的体验价值，赋予其故事性和某种意义，这就是“产品体验”的融入。许多在全世界拥有强大的品牌影响力的企业都超越了单纯的产品制造，不断提升产品体验，向用户提供更好的产品。当今时代，设计、软件、服务等体验价值愈发凸显，企业打造产品体验的能力也备受关注。发挥磨合型工作方式的优势是汽车制造业的通行做法，但假如只侧重磨合，即使可以实现高质量、低价格，也未必能够生产出令人怦然心动的汽车，缺乏那种让人不顾高昂的价格想去买的魔力。

换言之，对于消费者来说，汽车的设计、个性等要素越来越重要。在物质生活日益丰富的今天，“产品制造 = 价值创造”的单调时代已经终结，制造商如果不在产品体验上下功夫，就无法创造出更大的价值。对于跨国企业来说，满足各国市场的需求、认真细致地持续提升产品体验尤为关键。

开着手动挡的汽车，以每小时 70 千米的速度穿行在英国的单向单车道的乡间小路上，安全而舒适地经过一个个蜿蜒曲折的路段，令人兴奋而激动。身形高大的美国人开着自动挡的汽车，一边播放着乡村音乐，一边在笔直的高速公路上长途跋涉几小时，依然感到放松惬意。在设计车辆性能时，假如不能扎根于产品体验，就无法打造出富有魅力的汽车。因此，企业必须具备抓住当地消费者内心深处的潜在需求，以此不断改进产品的“硬件”。这一点仅凭一种生产方式是无法实现的，无论公司内部的磨合型生产方式多么纯熟。成功的关键在于坚持开展“与市场的对话”。

总之，设计研发超越了单纯的磨合型产品制造的范畴，凸显了基于产品体验的“硬件”革新的重要性。借用石田的话来说，“NTCNA 最擅于洞察美国人的需求，在美国制造汽车，因为这里的日本人和美国人已经形成了一个整体”。日产成为这样的企业，这一点非常重要，其不是单纯地进行磨合型产品制造，而是进行一种前所未有的创新，通过与市场的对话获取知识，将知识融入产品，不断地研发出更加引人注目的技术和商品。因此，凭借富有创造性的设计能力和技术水平，日产从各国市场中汲取有益的隐性知识，用自己的方式加以解读，提出新的产品体验方案并将其付诸现实，创造在日本本土无法实现的体验价值。这不仅需要产品制造层面的内部协调能力，还需要开放性的对话能力和紧贴市场的能力。在产品体验进入全球化竞争的时代，超越以往的磨合型产品制造范畴的“产品体验层面的知识综合”必不可少。

两大障碍

沿用以往的做法，继续单打独斗，是不可能在世界范围内打造出色的产品和体验的。

（1）把握市场的障碍

日产面临的第一个明显的障碍就是仅靠日本人自己难以准确把握世界各国的市场需求，而且即便了解了相关需求，他们作为日本人也很难做出正确的判断。一辆汽车包含了太多的隐性需求，这些需求与用户的生活和文化密不可分，仅靠日本人无法把它们一一转化为显性知识并完全理解。在这种情况下，带有日本人的思维方式的细微的判断误差不断积累起来，很有可能设计出不伦不类的产品。只有具备了与市场精准对话的实力，才能实现产品制造中的精准磨合。那么如何才能提高“与市场对话的能力”，打破把握市场方面的障碍，了解无法转换为显性知识的世界各国的市场需求，创造出各国市场所需的产品体验？如何才能切实推动这一过程，保证对话能力的持续提升？这是一个完全未知的领域，日产最初认为日本人很难克服这一困难，于是积极引入国外的智慧，邀请欧美的技术人员全程参与类型3的研发，直接发挥全球知识的作用，努力构建能够汲取并运用日本人不了解的知识的机制。

（2）资源障碍

归根到底，车辆研发要形成设计图纸，这一过程需要在实验、检测、设计变更、与零部件生产商协调沟通等方面花费大量的时间和精力，其对成本、质量、操作性、日程管理等方面的要求也极为严格。日产是一家拥有全系列车型的制造商，所以仅靠在日本NTC工作的日本人无法做到既思考世界各地消费者所需的产品体验，又在上述条件下同时开展多种车型的研发工作。因此，在NTCNA和NTCE，日产始终坚持不依赖于从日本本土派遣人员，而是积极任用欧美的工程师，让他们自始至终充分发挥才干。然而这其中存在着隐性知识的障碍，只有先解决了这一问题，才能突破资源的制约。隐性知识的迁移成为日产面临的一项重大挑战。

对于把握市场的障碍和隐性知识的障碍，日产采取了相同的处理方式，即最大限度地运用当地工程师的知识。假如命令他们原封不动地照搬NTC的做法，就无法发挥他们的智慧。因此，日产选择的策略是让他们观摩NTC的做法，然后按照自己的方式能动地开展工作。这其实是在创造一种机制，使全世界的技术人员领会产品制造中“磨合”的奥妙，在日产的大舞台上自由、畅快地贡献自己的力量。一直以来，NTC以隐性知识为基础，大多数情况下没有明文规定的做法。通过日本员工和当地工程师的共同协作，日产提出了明确的理论，建立起放之四海而皆准的工作流程，将隐性知识进一步显性化，完善研发一线共享的基础设施，打破资源障碍，充分利用全球工程师的智慧和技术，在世界范围内同时开展多种车型的生产研发。在这一方面，追求透明度的美式环境和强调体系化的欧式特征大显身手，重塑并普及了日本 NTC 的相当模糊的隐性知识体系，使其为全世界所共享。

面向源于日本的全球知识综合

通过全球员工的共同协作，日产解决了以上两大障碍。20 多年来筚路蓝缕，日产不断试错，砥砺前行，形成了全球各色人才共创概念与灵感的工作模式，制造出符合当地市场需求且具有日产特色的汽车。

实际上，在北美年度最佳车型 Altima（天籁）以及风靡欧洲的逍客的研发过程中，日产都以 NTCNA 和 NTCE 的工程师为主体开展产品策划与研发，这充分表明日产逐步获得了与市场对话的能力。全世界的工程师们将制造产品与创造体验两个过程融为一体。这种综合模式正是日产海外研发的本质，是全球知识的综合，该模式目前已经从美国、英国推广到全世界，为 11 个基地的 2 万余名研发工程师所共享。

当年，久米、园田、大久保等日产管理层和研发团队的领导者怀有一个共同的愿景，那就是培育全球共创的技术，让全球共创的产品体验成为日产的优势。他们开始思考，如何在保证日产造车的 DNA 传承的同时向多元化的全球市场提供最合适的汽车；是否应该为此建立由全世界的日产人共同承担具有日产特色的汽车研发的机制；这是否会成为日产的宝贵财富；日产是否应该把“全球知识共创”作为利器，否则就无法像丰田、本田那样维持强大的基因，沦为束手束脚的普通企业。日产高层的愿景无法回避这些问题，因此他们决定进一步普及以日本人之间的紧密关联性为基础的研发模式，与此同时，提升打造产品体验的能力，力争树立具有日产特色的全球标准（见图 8-1）。

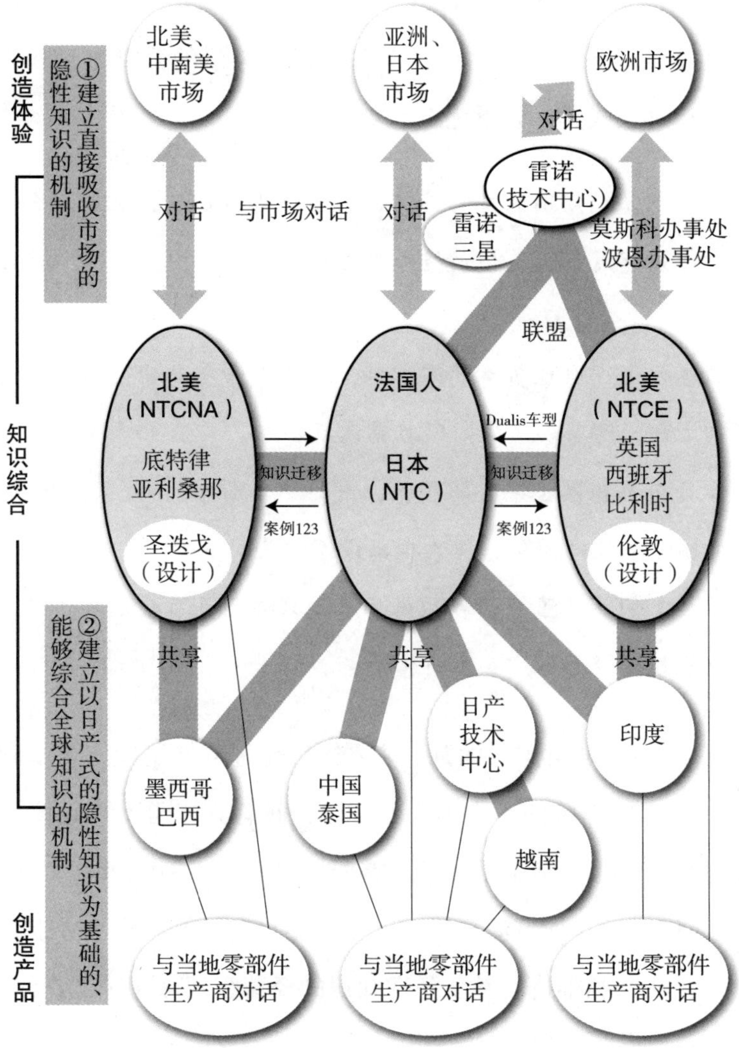

图 8-1　日产全球研发网络中的共创机制

显性知识文化与隐性知识文化的冲突

日产面临的最大问题是如何使以往的过于依赖隐性知识的模式更好地契合全球市场的需求。基于隐性知识的经营管理不对每个员工进行明确而细致的分工，而是根据他们之间的关联性做出灵活的调整，不断寻求最佳解决方案，这种模式具有以下优点。

- 每个人都掌握周围的工作情况，自主地进行调整，相互磨合，虽然看起来速度很慢，但最终结果是避免返工，提高了工作速度和效率。
- 员工不仅考虑自己负责的零部件，还从汽车整体出发谋划自己的工作方向，这有助于提高顾客满意度。
- 全体员工都积累了丰富的经验，成为“多面手”，大家彼此了解，组成团结一致的团队，便于提出设想，共同创造。
- 由于员工们共享了经验和原始体验，只要其具有较高的价值，组织就能凝心聚力，建立共同愿景。

帕尔默表示：“从英国人的常识来看，完全建立在隐性知识基础上的日产工作方式是难以理解的。刚加入日产时，我感到非常不可思议，觉得日本人之间好像有心电感应似的。”而现在他了解了上述优点后，对此给予了高度评价：“像设计这种灵活性强的工作不能划定界线、明确分工、定下规矩，否则就无法顺利推进。基于隐性知识的经营管理确保了工作的流动性，能够集思广益，有利于激发创造性。”

但另外，基于隐性知识的经营管理也存在以下缺点。

- 所有信息都涌入个人的脑海中，在每一次协调、磨合的过程中，这些信息没有形成文字，而是不断地被最新信息所取代。因此，未能随时接触新信息的成员无法更新信息，及时跟进。
- 员工根据具体情况做出判断，迅速处理，却未能留存决策的事项、过程和理由等，事后也没有认真内省，这就导致有时候大家都在忙同一件事，或者反复犯相同的错误。
- 虽然相关人员群策群力，寻求最佳解决方案，但正因为关联性过于紧密，容易在内部产生自我满足，难以突破现状的制约，放弃了客观性和高标准的努力，无法实现更大的飞跃。
- 除了共享“场”的相关人员以外，其他人对此很难理解，缺乏普适性。

这些情况不仅存在于日产的研发部门内部，还广泛涉及零部件生产商，在世界范围内形成了极为特殊的企业模式和文化。

汽车制造业原本就是一个需要大量协调和配合的产业，而日本的汽车制造采取的是基于隐性知识的模式，员工们深入具体场景，让知识相融合，全面参与设计研发，不断打磨产品。日产执着地追求自身风格和车型特色，所以没有使用行业通用的产品，而是根据不同车型开展专门研发，将零部件生产商也纳入进来，反复对产品进行微调。在此过程中，由于无法详细地规定每一项条件，日产采取了相关负责人深入探讨、自然而然地形成一致结论的交流方式。这不是自上而下的“预定和谐”①，而是自下而上的具体

① 莱布尼茨的用语，指由单纯而又相互独立的、单子的、统一体形成的世界的和谐一致，是预先安排好的。——译者注

情况具体对待的方法。

另外，在欧美地区，许多企业的研发业务也是在显性知识的主导下推进的。每个人的责任和权限都非常明确，自上而下地进行决策，基层组织和零部件生产商只需要按部就班地执行上级决定即可（见图 8-2）。此外，

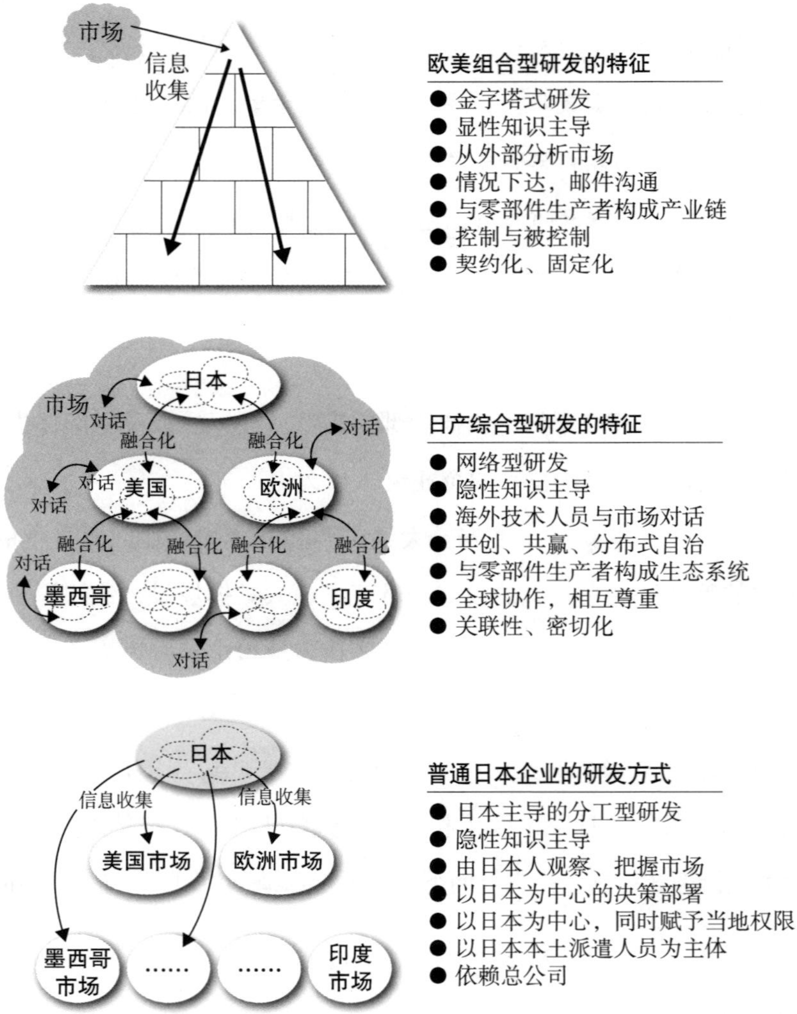

图 8–2 不同于“欧美组合型”和“普通日本企业”的“日产综合型”研发

各种规则和流程都以工作指南、标准等形式详细地转换为显性知识，员工们在工作中无须从整体出发考虑汽车研发，只需要完成自己职责范围内的任务。汽车设计人员、图纸绘制人员、实验方案设计人员、实验人员等全体员工分工明确，像齿轮一样各司其职，不会发生岗位轮换。

有的人或许是某一领域的专家，但他既缺乏协调能力，无法从全局出发对商品进行整体把握，又不擅长与市场对话，在创造体验价值方面欠缺活力。假如他仅凭借显性知识主导汽车研发，将很难制造出优秀的车型。汇聚在日产工厂的全世界的工程师们也意识到了这一点，他们是真正的汽车“发烧友”，对以显性知识为主导的传统的欧美模式产生了怀疑，不断寻找契机，探索如何制造出色的汽车。

将显性知识与隐性知识相融合的机制建设

只有将上述对立的企业文化融合起来，才能与全世界的同行共同推动知识综合。日产继续发扬 NTC 以隐性知识为主导的模式的优势，同时建立起全球工程师们随时随地共同创造的新机制，这就是以“全球知识共创”为目的的机制建设。在这一目标的指引下，日本人不再占据主导地位，而是与 NTCNA 的米勒副社长（出身于美国大众、通用）、NTCE 的米尔伯恩副社长（出身于沃克斯豪尔、福特）及福克斯利部长（出身于路虎）等优秀的搭档共同协作，信任他们，尊重他们的意见，最大限度地发挥当地管理层的智慧，借鉴他们的造车理念。这些搭档根据自己以往的直接体验，总结出欧美式研发的经验教训，分析日式研发的优缺点，将二者重组、结合，精心打造适合欧美市场的日产全球研发模式。

与此同时，日产的产品制造标准 NDS 及其背后的价值观、经验技术等是否被当地的工程师们完全理解并掌握了？这个问题已得到确认。为了获取新技术，当地技术人员积极主动地学习日式设计方法。日产在当地采取名为“市松图案”①的混合组织的组织形式，当地管理层在组织中的地位激发了一线的活力，承担起充分利用当地知识和经验的任务，与日本管理层齐心协力，致力于公司的发展壮大。所有人凭借自己在上一家企业积累的第一手经验以及作为汽车“发烧友”、工程师的自豪感，向着新的人生阶段不断挑战。

他们饱含热情，在美国和欧洲两大基地都树立起“双赢精神”的强大价值观。日本人也没有在欧美基地强制推行 NTC 形成的日产模式，而是以一种“入乡随俗”的心态，一切从零开始，谦虚地思考，始终坚持技术面前人人平等的原则，努力探索全球通用的、可持续发展的、能够充分发挥日产优势的模式，力争将当地工程师们的聪明才智运用到极致。

20 多年来的双向协作孕育出的能够将知识相融合的机制，表现为“适当的显性知识化”和“创造密切的关联性”，其具体特征如下。

（1）适当的显性知识化

- 以适当的显性知识化的形式将研发的基本框架固定下来，使全体员工明白自己所做的工作处于什么阶段，需要推进到何种程度，如何进入下一阶段等，但并未像欧美模式那样详细制定长达数百页的工作指南。
- 作为产品制造的标准，NDS 等日产原有的相关标准得以保留，并

① 该图案是围棋盘模样的黑白相间的方格花纹，象征着日本员工与海外员工的混合。——译者注

被员工们共享，因为它们是日产式设计的标杆，能够保证日产的独特风格。

- 作为创造体验价值的基础，员工们共享了日产汽车特有的“动力性”的价值观。在设计方面，设计部门开展全球协作，从品牌差别的角度出发追求一致性。

显性知识化的标准和模式成为共同遵守的原则，日产对该原则的精神进行解读，使其不断发展，以便能够凭借技术的进步、各国情况的变化、海外人才的智慧等及时得到充分实践。

（2）创造密切的关联性

- 为了基于隐性知识灵活而高效地开展设计，日产通过组织的扁平化、人事制度的简单化、职责范围的扩大化和灵活化、人才交流与经验分享、非正式沟通等多种多样的组织人事手段，努力充实社会（关联性）资本。其关键在于如何将“互动的范围”最大化，其充满了拥有创意的人与人之间的协作与矛盾。
- 选用理解日产模式、愿意倾听各方意见且希望在更广泛的领域内进行共同创造的优秀人才，并赋予他们权限。
- 建立高效的网络，逐步提拔理解日产模式且工作成果显著的人才，把他们派往日本，让他们与更多的日产员工接触，充分发挥自身影响力。
- 激发当地研发基地的自豪感，赋予其各种权限，以此提高其积极性，同时不能彻底放手，而是通过详细的 OJT[①] 进行跟踪观察，帮助他们取得成功，进而提升双方的互信程度。

- 仅靠转移、复制显性知识无法促进每一名员工的成长，因此日产向当地派遣了能够从理念上理解并描述日产模式的优秀的日本工程师，让他们讲述自己的亲身体验，通过一个个故事，传递日产特色的设计思维和核心理念，指导当地研发人员。

灵活运用多元化价值观的经营管理

日产通过“适当的显性知识化”确定了大致的工作模式，使每个人都能准确把握整体布局和自我定位。为了让团队共享隐性知识，推动共创，日产还致力于加强工程师之间的关联性，建立跨越国境和部门壁垒的紧密的互信关系，在显性知识和隐性知识之间寻求平衡，避免偏重。

“适当的显性知识化”和“创造密切的关联性”这两大“引擎”作为日产特有的模式被全体员工所接受，从而开启了全球知识综合的进程。日产把这种机制当作“撒手锏”，以欧美基地为基础，在世界各地的市场上推动产品制造，创造产品体验，目前已经将研发网络扩展至中国、墨西哥、印度等地。由此看来，日产构建的知识综合化机制其实就是“多元化的管理能力”，能够获取全球的多元化知识并对其进行妥善管理。日本人一直生活在同质化的社会之中，对本国车企之间的差别不甚了解，但是日产正在把

① On the Job Training，即工作现场培训，指的是上司和技能娴熟的老员工在日常工作中把必要的知识、技能、工作方法传授给普通员工及新员工。——译者注

多元化管理的能力变成自己的核心竞争力，善于利用全世界各种各样的价值观和文化差异，使自己区别于丰田和本田。

尽管如此，日产也并未放弃自己的出发点。为了打造日产的风格和特色，日产始终坚持与本土的密切联系，不忘回归原点。因此，日产向海外分公司派遣了大量掌握 NTC 隐性知识的一流工程师，并且让同一个人多次往返于 NTC 和海外分公司之间。在此过程中，日产在组织层面推动了经验技术与人力资源网络的共享，使海外分公司与日本总部保持一致的出发点，实现了二者的一体化。基于密切的关联性的“全球共同体”正在世界范围内建立起来，日产也下大力气提升关联性，持续地将众多海外员工派往 NTC 工作。在招聘时，日产选用的人才都理解日产的思维方式，懂得基于隐性知识的磨合型产品制造的重要性。此后，日产还在人才评价方面花费大量的时间和精力，考察他们的真才实干，努力维持日产模式的正确方向。

在组织形态方面，日产也表现出强烈的全球意识。在其他企业里，大多数情况下，实质性的决策是由日本顾问或日本总公司做出的，而日产一开始就确定了由日本人和当地人组成的混合组织的形态，这是一个不分国籍的统一的决策体系，欧美人成为日本本土派遣人员的上司是再正常不过的事。在那里，员工来自哪个国家并不重要，大家是平等的搭档，日产重视的是他们的技术能力、与 NTC 的协作能力以及在当地组织内的沟通能力。此外，为了使这种混合组织更好地发挥作用，日产从 NTC 选派了许多一流人才前往当地出差，帮助当地人员因地制宜做出决断，不必事无巨细地向日本总部请示汇报。这种灵活的组织人事战略最大限度地利用了日本和当地员工的优势，形成了“多元化的管理能力”，支撑起“全球知识共创”的独特模式（见图 8-3）。

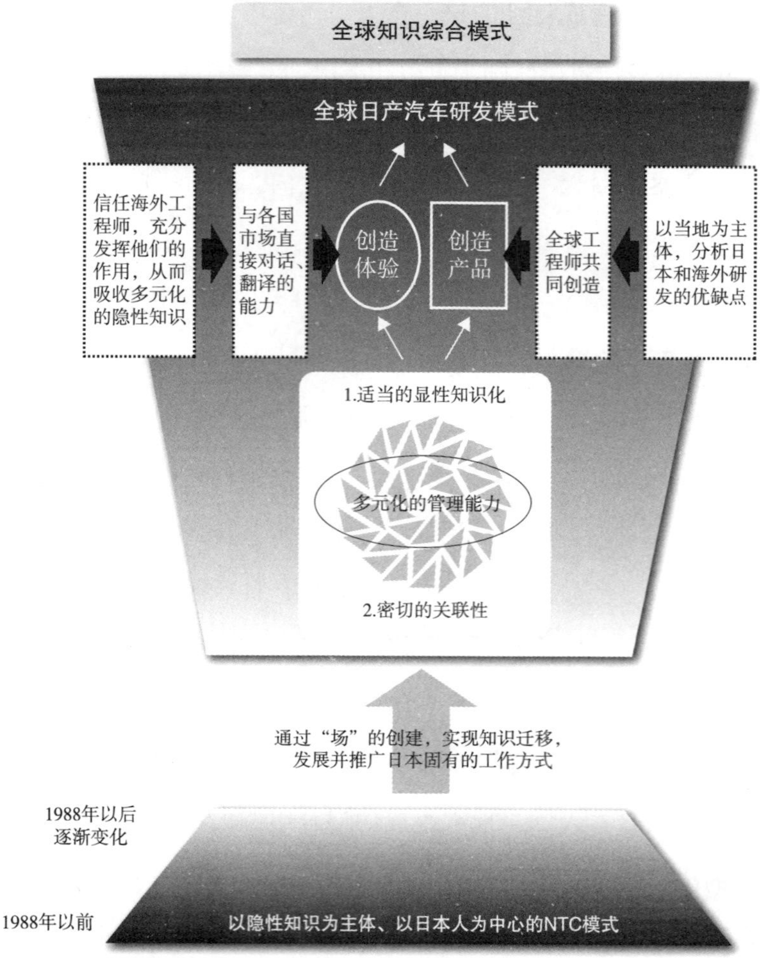

图 8-3 向全球知识综合模式发展

第九章

世界の知で創る

基于美好愿景的实践主义
——理想与实践的螺旋

自然与逻辑

在实际构建并驱动全球知识综合模式的时候，日产抱有怎样的价值观？在本次调查中，有两个词给我们留下了深刻印象，那就是“自然”与“逻辑”。日产人用“因为这项决策是自然而然的”和“因为从逻辑上看这是正确的”等说法来解释许多重大决策。以下是几位日产人关于“自然”与“逻辑”的评述，均体现了他们对此的重视程度。

大久保曾言：“了解当地情况的工程师和当地的零部件生产商一起推动零部件的本地化，在日产士麦那工厂（田纳西州）进行生产，这是非常自然的事情，日本总部没有足够的时间和精力包揽一切。市场是在全球范围内发展的，所以要想满足当地顾客的需求，就应该让当地承担相应的任务。既然由当地主导，就必须把工作交给当地人。我从一开始就不认为非日本人不可。”

石田曾言：“最初我们便决定将底特律基地建成日美混合组织，以英语为工作语言，派遣日产研发部门的精干力量到那里，帮助组建新的基地。既然打算开拓美国市场，就必须雇用一批优秀的美国人，建立可持续发展的组织，否则就难以取得成功。因此，我认为这是符合逻辑的选择。毫无疑问，无论日产多么强大，日本人也不可能面面俱到、事事亲力亲为。”

今井、山下、花冈曾有相似的表达：“如果总是被动接受日本 NTC 的指令，做一些边边角角的工作，当地研发人员就会逐渐丧失干劲，而且仅仅将现有车型本地化是一件毫无趣味的事。既然开展海外研发，就要尽快具备制造类型 3 的能力，这是自然而然的趋势。”

帕尔默曾言：“NETC 草创之时，我加入了公司，当年我才 28 岁，突然被任命为设计管理课课长，时任社长宫田先生冒了很大的风险。不过我认为日产从一开始就强调本地化是理所当然的，而且日产的确为此做了大量的工作。”

从这些评述中可以看出，日产管理层摒弃了在美国照搬日本模式的成见，不去怀疑当地人能否胜任，而是凭借广阔的视野形成了逻辑清晰的思路，“要想研发最符合国际市场需求的出色的汽车，决不能仅仅依靠日本人”，这一思路自然而然地使他们产生了强烈的信念，“如果能与全世界志同道合的伙伴并肩战斗，我们就能更上一层楼”。

理想与实践主义的融合

通过符合逻辑的设想和自然而然的判断，日产确定了方向和道路，接下来要做的唯有实践。艰难困苦是不可避免的，关键在于随机应变，坚定信念，灵活地开展工作，克服困难。日产并未事先安排好一切，而是在实践中学习，常常自省如何才能正确执行计划，不断地修正、纠偏，这也是日产海外研发的一大特征。

利用从实践中获取的隐性知识，日产对计划、方案不断进行微调，一步一步地向远大的理想迈进。这是一个“在实践中探索”的过程，无须从一开始就制定详细的战略，即便是在逆境之中也不气馁、不退缩，把困难当作机遇，砥砺前行，为下一次飞跃做好充分准备。面朝理想，用心完成每一项任务，认真思考现象背后的本质，在实践主义的指导下妥善处理问题，我们把这种模式称作“基于美好愿景的实践主义”。

山下说：“日产虽然没有预先描绘宏大叙事背景下的大战略，但是共享了理想和发展方向，拥有进取心和敏锐的问题意识的中层管理者择机而动，相互配合，积极主动地冲锋在前。即便最初只是一个不成熟的构想，大家也会齐心协力做到最好。”

由符合逻辑的设想产生的理想主义与想方设法克服困难的实践主义“双剑合璧”，才使得员工们自然而然地迸发出激情和干劲，敢于实现大胆而不成熟的梦想。对未来的合理畅想有时会导致人们草率行事，但它与实践主义的融合能够帮助人们在具体实践中完善构想，认清本质，做出正确判断，也有利于在不同的环境下预判未来，了解当前应做之事。畅想未来需要符合逻辑，而实践需要脚踏实地。在考虑长远发展的基础上，每个员工要根据具体情况做出合理判断并身体力行，不推诿、不懈怠，一步一个脚印地朝着梦想迈进。通过这种方式，团队制定出大量的短期目标，让员工们共享并不断付诸实践。此外，领导者和中层管理者需要看清发展趋势，牢牢把握前进方向。领导者不仅应具有长远眼光，还应从一线出发决定下一步的策略。这种不屈不挠的多层次的实践能力成了日产模式的基础，支撑起高难度的全球经营。

百折不挠的企业文化

理性主义与普遍性在某些方面是相通的。在全球知识综合的过程中，大家集思广益，共同打造产品，因此绝对不能照搬日本的模式或过去的经验，也不可以利用权力强行推动不合理的事情，而应不依赖权力，理性地探索令全世界信服的理论。要想在全世界开展工作，就必须具备全球通行的思维方式，从自己的内心深处认可这种合理性的核心地位。日产把一系列命题当作核心，比如“必须充分利用全球知识”“只有进行知识综合，才能制造优秀产品”“只有在实践中才能了解事实”“当地的事情必须倾听当地的意见”等。这些命题具有客观性和包容性，很多人相信这正是日产的优势，他们引入多样性并精益求精。在采访中，许多日产员工的话语中流露出日产人对创造普遍性价值的热切渴望。在大多数情况下，这种对于普遍性的追求与日常的五花八门的问题解决方式水火不容，在现实中人们往往倾向于选择简单的途径，但是日产的工程师们不厌其烦地为实现普遍性而不懈努力。

另外，基于美好愿景的实践主义的另一特征是尊重“三现主义”的知识，因为这些知识常常来自实践。因此，虽然要设定合理的目标，但归根到底具备判断“什么是正确的”的隐性知识至关重要，这是一种源自实践经验的感官知识。所以日产派往海外分公司担任高层的人才都是精通研发业务和组织管理的一流工程师，他们不是理论派，而是凭借直觉把握未来发展趋势，面向远大理想，随时设定切实可行的目标的实干家。这种扎根于生产经营一线的合理性正是日产的特色，明显区别于仅具有显性知识性质的合理性以及教科书式的观念上的合理性。

具有显性知识性质的合理性注重形式，教科书式的合理性、理性的契约、规则以及“预定和谐”的概念性世界观居于优先地位，它们常常体现为“应该是这样的，应该这么做，具体的就交给你了”。由此产生的决策者和执行者之间的隔阂以及封闭的组织之间的割裂造成了视角的狭隘和行动的固化，人们无法从不断变化的现实和实践中获取观察、学习、内省等实践智慧。要想充分利用实践中丰富的隐性知识，接近合理的目标，全体员工必须融为一体，进行“场”的共享，每个人都作为当事人亲自参与策划。

因此，日产克服了注重形式的显性知识性质的合理性缺点，摒弃了纸上谈兵，孕育出百折不挠的企业文化，直面现实，灵活应对实际情况。在追求普遍性的同时，日产不畏艰难，永不言败，在挫折中反复摸索，拼尽全力找出正确答案，即便处于迷茫之中也不心灰气馁，在困境、逆境之中也毫不退缩，把其当作下一次飞跃的铺垫，提前做好准备，这也是一种敢于挑战、不惧风险的企业文化。

研发业务的目标非常严格，要想实现它需要克服不同寻常的阻碍，但是全体日产人都能动地投入实践，进而锻炼个人能力，建立团队精神，员工之间形成了多元化的密切的关联性，这大概就是帕尔默所说的“为日产而奉献”的感受。打造卓越汽车的机制是一个肉眼不可见的宏观过程，为了将它建立起来，每个员工在微观的现场兢兢业业，不断获取、检验、改进全球日产团队的集体知识。这种基于美好愿景的实践主义思维行动模式在近 30 年间逐步形成并被全世界共享。然而美中不足的是，有时日产也会落入显性知识性质的合理性的窠臼中，跟不上现场实践的步伐，无法完全掌握高质量的隐性知识，这会导致官僚主义、形式主义、虚伪的研发至上主义和宗派主义，此类情况的确曾经出现过。

深刻的同感

要想确立上述日产文化，就必须让其在每个人心中生根发芽。为此，山下在担任 NTCNA 社长期间总结出 4 条原则，以此为行动方针（参照第四章）。现在，日产进一步完善了这些方针，使其成为全球研发部门共享的行动准则，按照具有日产特色的研发模式把它们转化为显性知识（见表 9-1）。

作为社会成员	作为技术人员
1. 互相问候的愉悦	1. 商品就是汽车
2. 站在对方的立场上思考	2. 追求恰到好处的性能和美感
3. 互相帮助的愉悦	3. 坚持学习，提高技术
4. 遵守约定，取信于人	4. 好奇心乃创造之源
5. 活力十足，2.4 小时以内予以答复	5. 享受自由地讨论技术问题的喜悦
6. 志向远大，态度谦逊	6. 靠产品和数据说话
7. 挑战新事物的激情	7. 简单易懂的技术和说明
8. 具备自主思考、自主行动的勇气	8. 坚持到底，顽强拼搏
9. 灵活思考，灵活应对	9. 成功和失败都是未来的财富
10. 常怀感恩之心，表达谢意	10. 希望听到客户的赞扬

图 9–1 日产人共享的认识和价值观

这 20 条行为准则超越了单纯的策划部署的条条框框，蕴含着山下的一番苦心。从中可以看出，在判断事物时，不能只从外部客观地分析情况，还要让自己融入其中，共享语境和感受，成为当事人。这种思维方式强调在“此时此地”“为打造卓越的汽车，必须重视自己的主观感受”。

基于自己以往高质量的体验并揭示本质的隐性知识和主观感受才是触动自己和对方的能量之源。在客观的分析性模式和表面工作的积累中，旁观者式的解释说明终究有其局限性，无法提高自我责任意识，难以产生感染力、号召力。

此外，参与表达主观感受、共享关联性的员工之间会产生共鸣，“就是这样”“的确如此”，这也可以被称为“深刻同感”。这种重视基于深刻同感的关联性的思维方式，在日产人的内心深处占据着重要地位，是在日常实践中学到的人性的淳朴。

日产追求的拥有美好设想的实践性挑战是一种价值观，它不会轻易地局限于自身的框架和团体力学[①]，每个成员都具有当事人意识，面向更好的未来，根据具体情况处理相关问题，给出准确答案，不断地从实践中汲取智慧。这与打造优质产品、争创世界一流的“工匠精神”的世界观是异曲同工的。

多元化的“场”的建设

那么究竟是什么让基于美好愿景的实践主义的价值观在世界范围内得以共享？其关键在于日产特有的“场”的创造与利用。日产随时建立多层次、多元化的“场”，并参与到每个“场”中，进而转移 NTC 的隐性知识和文化，把实践主义分享给全世界。这一诀窍既不是日本固有的经验，也不是一开始就想到的战略，它是由日产的 NTC、派驻人员以及海外研发基地的工程师们花费了 20 多年的时间，共同学习、长期积累而形成的。

（1）大量派遣员工，获得整体的体验式理解

要想在基于美好愿景的实践主义的指引下研发具有日产特色的汽车，必须共享从诸多实践中学到的经验和诀窍，它们决定了显性知识化的规则的运用，比如研发的基本思想、组织的建立方式、团队协作方式、资金借贷的时机、速度的感觉、在关键时刻的判断中的价值观、实验及结果判定的误差范围标准等。

① 库尔特·卢因于 1944 年提出团体力学理论，团体的 3 个要素“活动”“相互影响”“情绪”密切相关，其中一项变动，其他要素也发生改变，它是团体中一种影响团队行为和绩效的无意识的心理驱动力。——译者注

但是，这其中的一大半都是隐性知识，与研发人员个人的经验和设想同时存在。因此，不同的表达方式和对方的理解方式会产生不同的效果，导致隐性知识增加或流失。为了最大限度地激发并转移新的构想，尽管有时磕磕碰碰在所难免，双方也必须保持紧密的、频繁的交流沟通，逐步传授隐性知识，因为这些隐性知识不是靠研修等短期培训就能教会大家的。

日产建立了特别的“场”，使员工们通过亲身感受，将标准和规则的背景及运用、技术诀窍、人脉、员工动向、平衡的技巧（如办公室之间的距离与调整速度、部门之间的力量对比等）等隐性知识和显性知识作为一个整体，用心体验、传达。要想制造出好的产品应该做到什么程度？日产特有的优秀产品究竟是什么？在进行新的尝试时应该注意什么？海外分公司的员工们通过观察日本人的行为，与日本人进行讨论，逐步体会到其中的奥妙。

这种隐性知识的转移非常困难，其决定性的“场”正是一个大量派遣员工的计划，日产从 NRD 和 NTCE 抽调了几十名当地工程师，把他们派往 NTC，期限为几个月到两年不等。他们直接参与日本的车辆研发项目，正式成为 NTC 的一员，与日本员工并肩战斗，开展研发业务。虽然最初他们是以研修的名义被派往 NTC 的，但很快他们就被视为宝贵的力量。

这种大量派遣的方式一举扭转了以往隔靴搔痒似的隐性知识转移，实现了“整体的体验式学习”，成功缩小了海外员工与 NTC 之间的距离。“在 NTC，如果采取这种行动，很快就能见效”“与对方联系了却没有答复，原来是这个原因”“用这种方式请别人帮忙，沟通就会很顺利”“采用这种方式能够与零部件生产商配合默契”。大多数情况下，诸如此类的难以用语言清晰表达的心理感受和背景知识不断地发生转移，成了许多欧美工程师的共同认知。同时，日本方面也了解了他们的实力和思维方式，迅速打消了能否对他们委以重任的疑虑。大量建立这种在亲身体验中相互理解的“场”，对于实践主义价值观的共享来说是不可或缺的。

（2）类型3的千锤百炼

痛下决心、勇于挑战也有利于快速创造高质量的“场”。尽管日产在研发公司的草创时期有些轻率，但已经通过贵士和Terano2开展了由当地主导的上车体[①]的类型3研发。彼时，两家公司都还处于刚刚起步的阶段，连正式的办公场地都没有。对于仍在学习日产式研发的当地工程师来说，他们虽然还处于摸索阶段，但能独立负责广泛的领域，作为日产的专家指导零部件生产商熟悉新的做法，这些都是极具挑战性的锻炼机会。当时的参与者中至今仍有许多人留在两家公司里，他们的奋斗历程形成了“积极进取、决不妥协”“灵活主动、敢于尝试”“一旦出现紧急情况，能够迅速集结团队”“只认对错，不分国界，保证自由”等海外研发基地的实践主义风气的原型，有力地推动了这些思想在组织内的共享。

这是公司成立之初通过类型3的千锤百炼所取得的成果。当时，工程师们没有时间和精力将技术诀窍一一转化为显性知识，他们抱着强烈的当事人意识，把工作视为自己的责任，不成功决不罢休，这股热情和干劲彻底实现了优质的隐性知识的转移。此后，类型3也被当作员工历练的“场”和海外分公司发展的标志，因为工作难度越大，越有可能出现紧急状况，形成磨砺人才的高质量的“场”。

① 包括顶盖总成和侧围总成。——编者注

（3）趋势的管理

另一个在“场”的建设中发挥重要作用的因素是把握趋势、及时反应并引领更大的趋势的领导能力，这是一种在适当的时机激活“场”、通过人尽其才的安排提高团队斗志的领导艺术。全球知识综合的成果最终体现在产品，即汽车上。假如生产不出好的产品，无论有多少创意都毫无意义。此外，日本 NTC 惯于同时研发多种车型，而 NTCNA 和 NTCE 除了现有车型的改良之外，一次最多只能研发一种车型。如何将唯一车型打造成出色的汽车，如何尽快将它与类型 3 研发联系起来，这些问题都在考验研发基地高层的能力。在此意义上，他们只有具备包括敏锐的判断力、风险意识、善于协调的政治能力等在内的强大执行力，才能抓住机会，将创意转化为现实，进而有意识地创造转移隐性知识的“场”。

CR 项目告一段落后，为了削减经费，NRD 被要求专门负责零部件研发。时任负责人今井判断，NRD 的缩编与调整将会瓦解组织，造成人才大量流失。于是他找到 NTC 方面支持自己的山县商量，坚决反对 NTC 的决策，并果断开展 Xterra 的类型 3 研发。今井与 NTC 高层进行了长达一小时的电话会议，最后他很有气势地说：“可以了吧，我们要开工了。”

NRD 的石田逆势而为，巧妙地利用了因日产业绩恶化而不得不进行的人员精简。他向日本总部汇报的裁员节省的人员开支比实际开支少，从而利用剩余资金把美国工程师送到日本，有力支持了此前的大量派遣计划。

很多时候，一项事业的决策和推进不能仅靠逻辑分析的判断。现在，日产也在不断地冒险中大胆预测未来，并取得显著成效，这有利于梦想的实现。共同创造的关键在于信任，但是能够通过考验、真正建立互信的机会却不容易出现。因此，开发新事业的领导者还要运用政治能力，学会

“讲故事”，预判形势，抓住成败之机，灵活应对，把握机遇。庞大的组织在惯性法则中运行，领导者必须具备适时打破惯性的能力，以及在逻辑上行不通的情况下敢于容错的宽阔胸襟。

（4）双赢

世界各地的工程师们虽然拥有不同的价值观和经验，但能够开展共同创造，这正是因为他们之间建立了互信，彼此尊重。员工之间的“关联性的质量”是增强信任感的关键。所谓关联性，指的是参与者的隐性知识的质量、种类、共享程度、发展趋势等。如果关联性的质量高，每个员工就会拥有高质量的经验和诀窍、多种多样的知识、技巧、人脉等，在讨论和决策时积极参与、相互学习，提出符合具体情况的良好建议，共享打造卓越产品的目标。虽然他们依靠的是各自的隐性知识和经验，但相互包容、相互借鉴，共同进步，提高关联性的质量，这是一个螺旋上升的过程。不同国籍的工程师能够共享以信任为基础的积极的关联性，从而强化实践主义的基础。他们把这种关联性称作“双赢”精神，并对此十分推崇。

充分的讨论是双赢的必要条件，决策不是某个人的决定，而是集体的意志，是共享的经验。大久保指出：“我们在经过充分讨论形成最终意见时，很多时候会用‘嗯，就是这么一回事’之类的让人放心的表达方式来做决定。”这不是简单的妥协，它反而表明双赢的关联性达到了顶峰，大家的隐性知识完全发挥了作用。只有彼此之间的关联性得以细致地融合，才能形成超越表面关系的、全球共享的日产研发团队的共同体意识，这是基于美好愿景的实践主义文化的支柱。

第十章

世界の知で創る

创造知识的全球化团队：一支优秀的全球工程师队伍

全球化的创新型团队的诞生

如前所述，日产的全球共创的一大特征就是在全球范围内积累、共享并创造性地利用高质量的隐性知识，打造日产特色，其顺利进行离不开员工各自的经验、诀窍、直觉、意象、问题意识、假说、价值观、设想、信念等的共享。隐性知识以人为载体，以人的信念和设想为原动力，既然隐性知识是全球共创的关键因素，那么一定要有人的参与，必须有人积极推动隐性知识的形成、获取、共享和发展，力争造出好的汽车。抱着这种强烈的信念，日产的工程师们纷纷投入全球知识综合的过程。

他们不盲从权威和已有概念，为了获取并共享隐性知识，常常要汲取新的知识，更新思路，促进自我成长，从中发掘真正的价值。他们尊重对方的立场和不同的文化，不固执己见，注重建立共创的“场”。每个员工都是推动知识创造的创新型团队的一分子，在此意义上，正如山口、大伴所说，“日、美、欧的工程师们的水平不相上下”。帕尔默、科林·道奇等人在 NTCE 和 NMUK 成长起来，又在日产总部担任 SVP，他们异口同声地表示要在包括俄罗斯、印度在内的世界各地的日产基地大力培养“优秀的全球工程师”，而这些人才正是创新型团队的广大成员。

理性行动派的创新型领导者

为了体现、推动和确立上述知识创造模式，培养更多的创造型人才，必须有领导者冲锋在前。

在建立全球海外研发模式的过程中，日产的领导者不仅自身具备高质量的隐性知识和创造性，还积极推行全球知识综合和基于美好愿景的实践主义。他们描绘的理想和蓝图，充分考虑了各研发中心的利益与全球日产的利益之间的平衡，以及现行项目的成功与研发中心的发展战略之间的平衡，为了实现理想，他们深入分析不同场景、不同时间的具体情况，摒弃先入为主的观念，凭借策略性的综合判断力将计划付诸实践，这要求他们必须经常思考“怎样才能带来更大的利益”这一根本问题。

与理性同等重要的是坚定的信念和雷厉风行的行动力，二者可以将决策和构想传达给全体员工，合理安排工作，使人才各尽其能，推动组织良好运行。纸上谈兵的“空想派”无法激励人心，也无法燃起员工的斗志，遑论使他们始终朝着最终的宏伟目标在艰难的征程中披荆斩棘了。换言之，只有兼具理性与坚定信念、积极实践的“理性行动派”，才是领导者的最佳人选。拥有不同价值观的员工之间时常发生激烈的竞争和矛盾，管理多元化的团队必然面临这一问题。要想对此进行正面引导，提高大家的积极性，外向的理性行动派的力量是不可或缺的（见图 10-1）。

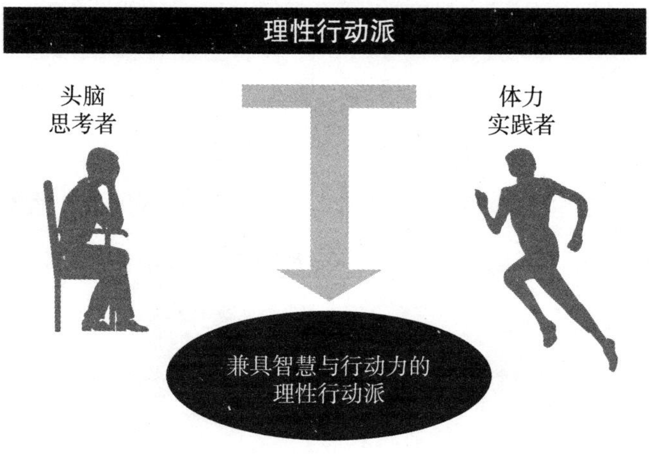

图 10–1　“理性行动派”才适合当领导者

我们可以从上文介绍过的研发部门领导者的言行中看出这种倾向。以山下为例，最初赴 NRD 就任时，为了让工程师们改变邮件办公的习惯，学会日产的工作方式，他与员工们一对一地面谈，废寝忘食地开展 OJT，比如“总之要把这两条线连接起来”“今晚 12 点截止和明早 8 点截止的意义截然不同”等。第二次赴任时，他抛下刚刚到美国随任的家人，反而与美国工程师一起回到日本。作为大量派遣计划的带头人，他在隐性知识转移的最前线奋斗了一年半之久。

第三次赴任时，山下成了 NTCNA 的社长，为了凸显日产在美国的存在意义，他制定了 NTCNA 的 4 个原则，并站在临时搭建的讲台上耐心细致地向大家说明。这种全心全意、竭尽所能的交流沟通，体现出山下的人格魅力、表达能力和把握时机的能力。现在，他作为世界上近两万名工程师的领导，依然在向全球阐释日产 R&D 的价值观。

在今天的日产，践行并宣扬这种充满活力的世界观的领导者已经不分国籍，而且层出不穷。以下就是出身于研发部门、经历过全球人事变动的人才。

- 浅见孝雄：在 NTC 任职 23 年，被派驻雷诺，任电子板块先行研发 VP。
- 卡拉·贝罗：毕业后进入 NRD，于日产总部担任项目总监。
- 格雷哈姆·康福斯：1989 年加入 NETC，2008 年起担任日产印度研发中心负责人。
- 中村克己：曾任职于 NTC，随后历任日产常务执行董事、东风日产汽车总裁、雷诺执行副总裁。

- 中村公泰：曾任职于NTC、NETC，后任日产常务执行董事，现任东风日产汽车总裁。
- 安迪·帕尔默：在NETC任职11年，后于银座总部担任统管商品策划、英菲尼迪、电动汽车业务等的常务执行董事。
- 戴维德·托葛海尔：在NETC任职13年，被派驻雷诺，任雷诺车辆研发副主管。

此外，日本总部领导层的现任成员基本上都有海外研发中心的派驻经历，在全球研发基地成长起来的人才陆续走上了日本及其他基地的重要岗位。迄今为止，在世界各国建立人才梯队、在全球范围内进行人事调整的日本企业仍然寥寥无几。

支持创新型领导者的知识伙伴

（1）当地领导层成员

日产海外研发中心的当地领导层成员与日本籍负责人同心协力，为中心的体制机制建设、人才培养、企业文化的形成等做出了巨大贡献。他们一方面解读了日产过于依赖隐性知识的模式，一方面努力改变过于依赖显性知识的当地主流模式，争取在二者之间保持平衡。他们是推动确立全球知识综合模式的大功臣。

在NTCE，米尔伯恩、福克斯利、帕尔默等人在开展车辆研发项目的同时，致力于将日产的研发模式显性知识化。初期他们还向欧洲的零部件生产商传授日产式的研发流程。与当地的大众、雷诺等汽车相比，日产的市场份额非常低，可即便如此，为了让当地采用日产式的批准图方式，他们在研发中耗费了大量心血，为其打下了坚实基础。

与此同时，他们还历尽千辛万苦，使 NTC 了解了他们精心遴选的欧洲零部件制造商的实力，并同意他们与这些厂商合作。为了说服 NTC，他们不得不论证欧洲零部件制造商与 NETC 的共同作业模式在可靠性等方面的预期效果。为此他们下大力气研究出一套方案，即与英国最具权威性的大学之一的克兰菲尔德大学合作，共同研究 NETC 的研发方式的效果，并在 NTC 公布其研究结论，让 NTC 同意选用欧洲的零部件制造商。日产的当地领导层就是以这种方式锲而不舍地进行着扎实且系统性的工作。

现在，NTCE 依然保持着这种优良传统，不断涌现出知识创造理论的研究者。日产的海外研发也不断从英国向印度、俄罗斯等国持续扩展。为了进一步推动海外研发的“遍地开花”，他们实施了“知识地图行动”，从而促进了“适当的显性知识化”向英国以外地区的稳步推广。NTCNA 同样也有很多知识伙伴，比如米勒、罗纳尔多·德米克、鲍勃·桑普等人长期活跃在日产海外研发的舞台上。

（2）知识润滑油

由于隐性知识以人为载体，要想组建一支共享理念的创造性团队，就必须踏踏实实地从建立人与人之间的关联性着手。此外，由于人员不断更替，这种关联性还必须被长期地维持、发展。关联性比较脆弱，不加以维护就会逐渐弱。

在 20 世纪 90 年代前期，那时互联网还不发达，电话和传真是海外研发中心与日本方面联络的主要技术手段。英美基地不间断地向 NTC 打长途电话或发传真咨询，NTC 也忙得不可开交，无法立即准确回复，而且还有数不清的妨碍沟通理解的因素，例如英语水平问题、对相关问题背景的理解、与零部件制造商之间的关联性的差异等。在此情况下，被派往日本的美国和英国工程师们自发地付出了辛勤的劳动，他们把 NTC 传真机中涌出的传真收集起来，然后交给日本的负责人，翻译文件的意义和背景，全力以赴吸收新知识，并反馈给海外研发中心。

此外，日产促使刚刚成立的 NRD、NETC 的风气与 NTC 保持协调，树立彼此共享的企业文化，这对于互信和隐性知识的转移极为重要。人事部、总务部和管理部的员工们对此做出了重大贡献，NRD 人事部长约翰・卡兰德罗、NETC 人事部长帕罗、资源管理部长瓦德尔等人为打造日产文化而不停奔忙。他们在海外研发中心设立初期加入公司，20 多年来一直负责这项工作，这也是日产的人力资源知识转移的过程，把人事部门的职责提升到了打造企业文化的高度。

与业务上的逻辑不同，在创新型领导者的带领下，社会关联性资本必须受到重视。因此，怀有共同理想的伙伴们自发行动，扩展关联性，加强人与人之间的联系。员工们意识到了这种“知识润滑油”的作用，并为之付出了不懈努力，这对日产海外研发来说是必不可少的。

（3）日本人的支持

另外，日本籍外派员工的作用也不容忽视，他们也是“知识润滑油”。作为技术人员，他们被派往海外研发中心承担了重要任务，同时也是 NTC 的隐性知识的“宝库”，对于当地工程师来说可谓活的“搜索引擎”。这些日本籍外派员工会制造、改进实际的产品，并示范给当地工程师，让他们在真实的场景中亲身体验其中的诀窍。

不仅如此，日本籍外派员工还有一项任务，那就是回到日本时，反过来把海外研发中心创造出的知识以及海外市场的隐性知识传授给 NTC 的日本员工。他们之中，不乏一些在美国和英国两大基地都工作过的“老将”，在全球各个基地工作过的员工们组成了一个非正式网络，隐性知识在纵向和横向两个维度上充分流动，对增强互信助益良多。

像这样，日本籍外派员工以及由此形成的了解当地工作模式的日本员工网络，极大地发挥了知识润滑油的作用。当初为了向英美基地传授 NTC 的隐性知识，日产输出了大量外派员工，不过随着全球创新型团队的壮大，外派员工的数量正在大幅减少。

作为培训机构的海外研发中心

日产通过车辆研发的一线经验，使 NTC 式的工作模式，即隐性知识得以共享，还成功培养了一大批能够打造符合海外市场需求车型的外籍员工和领导者。“要想进行海外研发，必须充分发挥拥有高质量隐性知识的当地人才的智慧。”海外研发是一条源于合理构想的艰难道路，但经过 20 多年的不懈努力，日产终于实现了目标。对于支持和推动海外研发的日本员工来说，他们也获益良多。通过展示自己积累的经验和诀窍，按照自己喜欢的方式工作，工程师可以获得满足。不过与此相比，如何充分发挥当地员工的才能才是第一要务，领导者可以借此获取真正有用的经验。无论是海外员工还是日本员工，都逐渐成长为能够开展全球协作和创造“场”的人才，这种人才培养的“场”可以说是海外研发模式的另一重要功能。作为培养全球领导者的培训机构，NTCNA 和 NTCE 使日产人受到了千锤百炼，从那里“毕业”的员工陆续成为中国、印度、泰国、巴西等各国基地的负责人，这凸显了经常性地建设海外培训和历练的“场”的重要性。

培养理性行动派领导者的方法

日产是如何在全球培养领导者的？

（1）积累丰富经验的职业训练

海外经历是不可或缺的，不过并非外派一次就能马上掌握各种诀窍，也并非所有人多次外派后都可以获取丰富的经验。通过外派，员工们有可能在提高技术水平的同时，螺旋式地积累经营管理经验，在千锤百炼中亲身感受未知的领域，开阔自己的眼界，站在对方的立场上思考，提高对各种模式的认识能力。组织需要对具备这种潜力的人才提供职业训练，使他们在磨炼中积累各种各样的隐性知识，准确把握具体情况，不断提高构建不同关联性的能力。

（2）自行解决矛盾冲突

“根据具体情况判断什么是正确的”“需要拥有良好的‘场’”，这些道理大家虽然都明白，但实践起来非常困难。戈恩斩钉截铁地表示自己不会居中调解矛盾冲突，而是让领导者们先自行思考解决方案。大家很期待戈恩自上而下的决定，也会琢磨戈恩的想法，但是戈恩的方式赋予了他们权限与责任，使他们在各种考验中充分锻炼了判断力。

现在，共同解决了矛盾冲突的领导者们已经成了日产在日本、美国和欧洲基地的高层，他们共享了“妥善解决矛盾冲突的知识”。对于从多样性中创造价值来说，这是意义重大的历史积淀。

（3）多次将精英派往海外分公司

为了使海外研发成为日产研发的核心竞争力，让员工们学习国外的管理经验，成长为优秀的企业经营者，园田和大久保从一开始就把最优秀的日本员工派往海外分公司，同时这也是打破当时根深蒂固的“海外研发是二线工作”的偏见的需要。日产为取得实际成果的人才不断提供进行挑战的“场”，让他们积累丰富的经验，由工程师成长为管理者乃至企业经营者。这种正面作战的方式效果显著，不仅推动了海外分公司跳跃式的发展以及与日本总部的一体化，而且还培养出一大批熟悉海外工作模式的优秀的日本工程师和领导者。目前，几乎所有的研发部门负责人都有过海外分公司的工作经历，部长级领导者中有过海外工作经验的人员比例已上升至45%，研发部门也因此形成了包容多元化价值观的兼容并蓄的良好风气，这种包括高层在内的组织性适应能力也有利于日后最大限度地发挥日产与雷诺的联盟效应。

（4）混合组织

在日本企业的海外分公司中，“影子组织”“派驻人员担任顾问的组织”等仍然不在少数。在这种情况下，乍看之下当地组织仅仅依靠本地员工就能独立开展工作，但实际上日本总部派驻人员作为顾问“垂帘听政”，掌握着实权，如果他们不向总部负责海外业务的部门请示汇报，那么海外分公司就无法做出任何重大决策。优秀的本地员工逐渐丧失积极性，相继辞职，海外分公司陷入了“不依赖于日本人的影子组织就无法经营”的恶性循环。

与此相反，日产不刻意区分日本人和当地人，而是重点关注将技术能力、日产特色、当地优势相融合的适应能力，选贤任能，大力推动日本总部与海外分公司的一体化。因此，日产把英语作为通用语，把优秀的日本员工派驻海外，精心遴选具备跨文化理解能力的当地人，采用“混合组织”的形式，日本人上司带领美国人部下或美国人上司带领日本人部下的搭配屡见不鲜。日方被派驻人员熟悉 NTC 的情况，但英语水平不高，而欧美人懂技术，了解当地市场，却不熟悉日产的工作方式。日产把二者放在同一个组织中，使他们的接触面最大化，将二者的隐性知识压缩在一起，然后不断融合。这种模式对于员工本人来说是严峻的考验，但现在已经完全成熟，日产海外分公司进化为由英语流利的日本人和熟悉日产模式的当地人组成的混合组织。日产的种种努力培养了许多在世界舞台上也能发挥领导力的人才，为日产与雷诺的同盟关系奠定了组织基础。

第十一章

世界の知で創る

携手雷诺更上一层楼

携手雷诺实现新飞跃

作为“自然而然的选择”，日产果断决定推动研发的全球化，在长期的艰苦奋斗中构建起全球知识综合模式。这一系列行动最终在战略层面建立了重要的海外研发网络，而日产与雷诺的联盟大大加速了这一进程。

时任雷诺总裁路易斯·施韦策与时任日产社长塙义一共同选择的联盟形态是互相学习，而非企业并购。在经营管理、财务、市场营销等方面，雷诺稍胜一筹，而在研发、制造等方面，日产则占据明显优势。不过仔细看来，雷诺的研发也有其过人之处。联盟的宗旨就是冷静判断这种错综复杂的情况，为发挥双方的优势打基础。两家公司创造了双赢的选项，完全没有做出软弱的妥协。为了成为全球汽车行业的一流“选手”，两家公司从一开始就坚持相互学习借鉴、发挥几何效应的共创精神，这一点与世界上大多数弱肉强食的企业并购大相径庭。时至今日，联盟的出发点依然以“联盟愿景”的形式在两家公司薪火相传。

但不可否认的是，引入资本的日产也面临着严峻的形势。日产和雷诺绝不是在单纯地进行表面上的互相学习，二者的研发思路有分歧，在日产的技术转让问题上也互相角力。在此之前，日产在欧美地区孜孜不倦地开展研发工作，与福特磨合、合作，从中汲取了与持有不同价值观的对手相处的智慧和自信。因此，即便是在与雷诺的合作困难重重的情况下，日产也能凭借这种智慧和自信克服阻碍，实现双赢。海外研发是日产的宝贵财富，与雷诺的联盟正是一次促使海外研发飞跃进步的良机。这些因素叠加在一起，使日产的工程师们保持了沉着冷静，而本质性的学习正是来自双方在矛盾分歧中进行的充分探讨。这种紧迫感和自信，便是具有共创能力的联盟的理想状态。

强化联盟关系的两大支柱

使知识创造型的联盟成为可能的一大支柱就是“联盟精神的鼓舞和人才交流”。早在联盟建立的第一年即 1999 年，日产就与雷诺的法国员工一起在包括 NTCE 和 NTCNA 在内的全球日产组织内开展了信息交换与人才交流。许多日产员工被派往雷诺，例如原 NTC 研发部门负责人泽田勉担任雷诺高级顾问，发动机设计专家加藤和正担任业务协调人，长谷川直哉担任质量管理副总监。雷诺的让・皮埃尔・萨克（原负责联盟事宜的副总裁）担任雷诺与日产研发部门合作的联络人，他回忆道：“泽田先生耐心细致地为我们讲解了 NTC 的所有隐性知识。”他们积极地解决推动联盟发展的细节问题，他们自身成了“润滑剂”，消除了双方因隐性知识和显性知识的差异而可能产生的摩擦。

联盟的另一大支柱则是“共创的结构化”。日产和雷诺通过员工的相互流动弥补了隐性知识的错位。与此同时，作为迅速提升联盟效应的手段，两家公司建立了多层次的共创结构，它由以下 4 个委员会组成。

- ABM（Alliance Board Meeting，联盟理事会议）：以 CEO 戈恩为首的联盟政策的最高决策机构。
- SC（Steering Committee，指导委员会）：负责研发、生产、销售、市场推广等主要工作。
- CCT（Cross Company Team，跨公司工作小组）：解决公司之间的协同工作问题。

- FFT（Functional Task Team，功能性任务小组）：解决具体问题的团队。

这些委员会非常重视确保共创的关联性，所有提案、讨论、决定都是在两家公司地位平等的情况下进行的。委员会研究的主题广泛，主要有平台、发动机等的共用和共同研发、主要零部件的通用化以及拉古娜（Laguna）、霹雳马的标杆化。在具体的研发过程中，日产在逍客上应用了雷诺的内燃机和手动变速箱，同时学到了严格的成本管理和标杆化等方法。另外，雷诺也学习了日产的高速研发模式和解决问题的方法。在联盟建立之初，双方提出“用雷诺的成本实现日产的技术”的口号，把重点放在相互学习上，而目前联盟的工作重心已经转向了双方的新技术研发，深入探讨减少二氧化碳排放等全局性战略问题。

日产与雷诺的联盟切实提升了两家公司的水平。对日产来说，这恰好抓住了肇始于 1988 年的研发全球化的潮流。联盟不仅充分发挥了此前积累的经验和技术，还把全球知识的应用范围从日产的“小圈子”扩展到世界的“大圈子”，形成了更具普遍性的知识应用的方法论。通过与雷诺的共同创造，“全球知识共创”模式的第二阶段拉开帷幕。

遍地开花，拉开第三幕

全球知识共创的第二阶段很快就成了将全球化研发潮流推向第三阶段的“催化剂”。在此之前，日产的中心工作是提高生产力和技术能力，顺利推进零部件的当地化和类型 3 研发，为明确形成日产模式打好基础。与雷诺合作后，在全球研发备受期待的今天，日产提出了更高的目标，因为它要发挥杠杆效应，建立更具全球性、普遍性的机制。在日产内部，这一举措被称为“能力革新”，其目的在于将全世界除欧美以外的新兴国家也纳入业务范围，确保与各国市场的对话，同时建立一个研发网络，使高质量且低成本的研发成为可能。日产试图把全球研发中心的市场认识、技术能力、质量、成本等所有力量都保持在与 NTC 相同的水平，获取全世界的知识，广泛开展协作。这不是简单的当地化，而是一个新的愿景，即利用全球知识，构建符合当地情况的融合型研发网络。

日产的目标是以日本为起点，使研发中心遍及中国、印度、泰国、越南、巴西等世界各国。墨西哥研发中心是 NTCNA 的“细胞分裂”，俄罗斯、印度等国的研发中心则复制了 NTCE 模式。通过这种“遍地开花”的方式，日产更加广泛地接触到全世界的知识，确保自己整体的市场理解能力和成本优势。除此之外，对于欧美研发中心的当地工程师来说，这也是一个把自己建立的全球知识综合模式传授给全世界的机遇。我们在采访中深切感受到了日产在美国、英国、西班牙的海外分公司的工程师们竭尽全力实现第三阶段全球化的拼搏精神和主人翁意识。日产的“细胞分裂”已日臻成熟，任何人都能随时随地复制日产基因的组织结构，这种情况将如星火燎原之势推广开来。此外，日产正在世界各地培养优秀的工程师，他们将会是全球知识的孕育者。

当初，为了顺应继生产销售之后的海外研发潮流，日本企业的研发也在一个“自然而定的判断”下起步了，这个判断就是零部件必须在海外实现当地化，适应当地需求。当时并不存在明确的宏伟目标，但是这条道路把日本企业特有的工作模式升华到全球通用的高度，建立并完善能够综合全世界工程师的知识的机制。

第三阶段的标志性事件是在戈恩的领导下日产的研发部门挺进印度。按照对外公布的计划，日产已开始挑战一项重大技术创新，力争在印度制造“价格为 30 万日元的汽车”，而印度市场上的绝大部分汽车售价为 60 万日元，日产的目标是降低一半的价格。从这一点上看，日产的技术革新的难度显而易见。研发部门面临一系列的高难度任务，比如实现低成本的设计和零部件调配，同时不能丧失日产的特色，完成在印度生产的其他车型的当地化和新技术研发。面对这些难题，如何让印度的优秀工程师也参与到日产的全球知识综合模式中？实际上，一位领导者自 2008 年起就致力于解决这一问题，他不是日本人，而是 1989 年加入 NETC 的英国人格雷哈姆·康福斯，可以说这代表了 20 多年来日产海外研发的成果。

日产模式的意义

上述的日产经验为直面全球化的日本企业带来了宝贵的启示。

长期以来，制造业是日本引以为豪的领域。日本企业的优势在于不拘泥于传统、紧贴顾客需求的构想与应用、一线的精细化生产制造、牺牲短期利益、追求理想的强烈的探索精神等，其核心是“磨合型的产品制造能力”。

当今时代，商业模式、设计、软件等打造产品体验的要素决定了产品的附加价值，而产品制造带来的附加价值是极为有限的。越来越多的企业不仅无法创造更高的价值，还因软件、商业模式等方面的差距而在竞争中失败。风靡世界的日本动漫虽然内容很精彩，但在创造价值方面常常为好莱坞作嫁衣；虽然索尼拥有领先的技术，但造不出 iPod；都科摩

（Docomo，日本最大的移动运营商）和具有代表性的高科技企业也造不出iPhone；乐天（日本知名电商平台）的服务细致周到，但是在规模上比不过亚马逊的维基经济学式的商业模式。波音公司在制造庞大的飞机，而日本企业只是提供零部件。

不论是好莱坞还是苹果公司，它们在动漫内容、手机零部件等实际的产品“硬件”方面都要依靠日本，但另外，它们着眼于全球竞争，试图在“软件”方面取得压倒性优势。假如日本执着于产品制造，而其他国家进一步发展，那么日本的地位就会受到威胁。在当下的动漫领域，新兴国家的学习热情也极为高涨，而日本的“御宅族”仍然热衷于内容的创作，缺乏国际竞争视野，自身对于全球化的动力不足。这不仅仅是动漫“御宅族”的问题，大型高科技企业的工程师们也面临同样的状况。全日本都沉迷在产品制造的旧梦之中。若是在产品制造决定一切的年代，这种做法没有大碍，但今后是全球化竞争、重视“软件”的时代，日本一旦落后，甚至有可能失去制造业转型升级的时代机遇，沦为廉价产品的销售者。如果半途而废，不能从日本走向世界，就会在生育率下降的泥潭中止步不前，在高昂的成本压力下输给新兴国家，无法凭借多元化的知识提高创造性，只能充当以显性知识为主导的欧美列强的分包商。尽管形势如此严峻，但许多日本企业仍然困在磨合型产品制造的魔咒中，在研发全球化的问题上逡巡不前。

目前，欧美企业的动向与日本企业的心理状态完全相反。在扁平化的世界里，全球性的开放模式风生水起，比如利用全球人才的总体知识开展软件研发，通过横向分工大批量生产组合型产品，通过离岸外包美国的巨无霸IT企业大量任用印度的IT工程师等，这就是所谓的“全球组合模式”。在这场竞争中，通过全球横向分工追求体量，以新兴国家为中心的产业集群与欧美的重视知识理念和软实力的思想领导者携起手来，凭借“全球组合”争夺世界市场。

全球化的虚拟的美式企业[①]以基于显性知识的组合型产品制造和服务为主体，而日本制造业的优势在于紧贴客户，最大限度地追求产品磨合，力争创造独有的价值，二者大相径庭。但是，日本在磨合型产品制造中故步自封，国内市场逐渐缩小，情况日益恶化，即便转向全球组合模式也无法挖掘日本的潜力。因此，日本企业必须探索出第三条道路，即维持原有优势，在生产精美细致产品的同时，提高在全球市场中的产品制造能力，培养在全球化舞台上不断创造独有的全新价值的竞争力。

在这一进程中，兼顾日本的弱点与强项的方法正是日产多年来打造的“全球知识综合模式”。日产既没有一味地变革，也没有闭门造车，而是在吸收全球资源的同时，共享自身的特色。日产进一步淬炼磨合型产品制造技术，在原有基础上实现了飞跃，力争将产品制造与产品体验融合起来，灵活运用虚拟设计的数字化，形成重视现场的隐性知识。日产在全世界推动原型车的标准化，还精确地利用世界各地的知识，研发符合当地需求的升级版汽车。由于这种模式融入了各种各样的隐性知识，所以单纯的企业并购是行不通的。正如日产一路走来的经历，日本企业需要进行自我的“细胞分裂”，在实践智慧的基础上开展创造，采取有机的、能够长期进化的发展战略，在培养领导者的同时稳步前行。

进入 21 世纪，中国、印度、俄罗斯等经济体日益繁荣，市场经济人口

---

① 虚拟企业指的是当市场出现新机遇时，具有不同资源与优势的企业为了共同开拓市场、共同应对其他竞争者而组织的企业联盟体，它建立在信息网络基础上，共享技术与信息、分摊费用、联合研发、互利互惠。——译者注

倍增，全世界的知识型工程师阶层也迅速扩大，彼此之间完全可以自由交流。因此，考虑到知识的发展进步和多样性，企业有可能在实现低成本的产品制造的同时，打造具有高附加值的独特的产品体验。要想做到这一点，就要放眼世界，构建最优化的知识调配网络，这正是21世纪跨国企业的核心竞争力。“全球知识共创”的时代已经拉开帷幕，目前日产正要踏入其中。

日产20多年来的探索表明，日本企业可以凭借“全球知识”将日产的产品制造升华为全球的体验创造，将自身特色与当地需求综合起来，在当地打造新的体验。

正如第一部分和第二部分所述，日产的战略描绘了宏伟蓝图，不过这也是因准确把握日产所处的状况而不得不选择的道路。丰田、本田等少数企业不需要这样做，因为它们自身拥有强大的实力和隐性知识的深厚积淀。近年来，为了应对海外战线的扩大，丰田、本田等公司也在积极推动研发的全球化，但是为了保持自身的基因，它们始终坚持以日本人为中心的团队构成。另外，日本人口出生率不断下降，世界趋于扁平化，丰田、本田的策略反而有可能使其陷入瓶颈，更不用说那些不具备类似于日产理念的强烈价值观的普通企业了。

在扁平化的世界里，日产与全世界的工程师一道，利用日本的隐性知识研发的优势，打造富有意义的产品体验，这就是全球知识综合模式。历经20多年光阴，日产筚路蓝缕，不懈追求，经过与雷诺联盟等一系列举措，逐渐形成了这一模式。对于正在探索全球化道路的日本企业和致力于在扁平化的世界里制造更加出色的产品的全世界企业来说，这一模式带来了一种全新的启示。

日产还将全世界的工程师资源集中到更好的产品制造和激动人心的体验

创造中，打造崭新的操作模式，以便在全球市场中研发更为精密的高级产品。在这一点上，可以说日本企业展示了一个能够对世界做出贡献的新领域。

日产面临的可持续发展问题

为了进一步发展壮大，日产还要在更宏大的语境中利用全球知识共创能力，为世界做出贡献。对此，日产面临着以下领域的挑战。

首先，在打造产品体验时，跳出市场需求这一消费者的视角，充分考虑环境、安全等具有普遍性的全球问题，同时运用全球知识，保持汽车本身的乐趣，创造多元化的产品体验。关于如何进一步提高打造产品体验的水平，德系车企拥有汽车工业的悠久历史，占据一定优势，但其尚未达到运用全球知识的程度。

其次，进入第三阶段，在新兴国家开展海外研发，构建全球融合型研发体系；探索如何有效地维护并发展日益复杂的研发网络，如何降低基础设施成本；培养熟悉日产模式的外国员工，使其成为日产模式的传播者。

再次，扩大全球研发体系，以便提出并实现超越汽车制造的企业移动性的目标，以更加先进的形式运用全球知识；动态地运用维基经济学式的知识，掌握汇集高效能员工的“梦之队”的管理经验；管理虚拟知识和现实的隐性知识，使其产生几何效应；掌握日本一直不擅长的全球化管理知识，树立宏大的企业愿景即更加普遍化的移动性的价值观。

最后，在追求上述技术进步的同时，持续提高成本竞争力；保持工程师们的积极性，应对日益增大的压力；培养专业能力，不断完善以知识生产率为基础的工程技术和具有较高生产率的模式。因此，虽然此前基于实践主义的随机应变能力（包括紧急事件处理能力）备受重视，但是今后不仅要从实践中学习，还要注重积累，精益求精，建立常态化的工作模式。日产文化迎来了从国内走向全球、从动态转向常态的巨大变革。日产模式能否真正确立，这一问题将会受到检验。

作为跨国企业，日产要想取得进一步发展，就必须直面这些挑战，利用长期以来积累的全球知识，最大限度地发挥多元化的管理能力。

多元化的管理能力是企业的核心竞争力，但其背后也潜藏着风险，这对于日产来说又是一项新的课题。换言之，日产之所以能够吸收不同价值观和文化，灵活自如地进行管理，建立适应一切需求的机制，是因为日产从根本上蕴涵了中立的、科学的、民主的精神，从逻辑和实践出发思考问题。这种精神一方面产生了日产研发部门灵活的组织结构，另一方面却阻碍了大胆的判断力和领导力的运用。日产人思维敏捷，只要指明合理的方向，员工们就会认真开展工作，但是民主的方式缺乏力量，无法使他们抓住“此时此地”的时机，大胆行动，敢于冒险，无法发出全体动员、为员工赋能的信号，无法激发变革的主动性。以类型 3 研发为例，今井、山县、石田等人常常进行大胆的尝试，这些虽是强制性的举措，但有利于做出重要决断，汇集多方意见，形成向心力。这种打破现状的判断力，使易于分散化的创意团队紧密地团结在一起，加快推动企业发展。所谓“领导力的管理”对于日产来说是多年来的“阿喀琉斯之踵”，一线员工的主体作用薄弱难以培养其强烈的主人翁意识是日本企业的通病。

正如日产的 V 字形复苏所显示的那样，戈恩弥补了这一缺陷。今后，为了进一步发挥既有的多元化管理的优势，使其产生质的飞跃，日产还要掌握与之相对应的“领导力的管理能力”，并将其升华为管理的“原型”，这是日产面临的下一个挑战。在此意义上，山下等年轻的理性行动派领导者们正在世界各地茁壮地成长起来，他们在此前的海外研发以及与雷诺联盟的历程中克服了重重障碍，吸纳、平衡了多元化的价值观，他们所展现的焕然一新的领导力与挑战未来的才能值得我们的关注和期待。

成为在全球创造体验的思想领导者

日产以多元化的管理能力为基础，拓展产品制造的范围，掌握了打造产品体验的能力，可以说日产建立了凭借遍布全球的无限的知识进行研究开发的体系，因此日产能够充分利用全世界的资源。现在，年轻的日本工程师们从日产 20 多年来艰苦奋斗的历程中汲取经验教训，与全世界的盟友共同创造，力争实现进一步的发展壮大。当今时代，如果仅仅是把显性知识集中起来，利用信息技术就能做到，但是要想保持日本产品在制造方面的优势，必须深深根植于隐性知识。即便获得了无限的资源，维持并利用这些资源的难度也会大幅提高。不过在“知识的交叉点”，不同性质的知识相互碰撞，擦出创意的火花，这种交叉点在日产团队内部爆发式增长，革新的可能性也在飞速增加。

知识综合化的模式是日产与全世界的工程师们共同创造出来的。全球化能否真正提高创造性，还是说这只是一种强者逻辑和寡头垄断，目前全世界都在关注它的真正价值。因此，今天正是日产描绘更加广阔的蓝图、在全世界运用“全球知识共创”模式的大好时机，这也是日产式的“自然而然的、符合逻辑的”选择，有利于在全世界提高品牌影响力，形成知识经营时代的日产思想领导力。

后 记

在本书写作期间，世界经济与社会风云激荡，给全世界带来了超越以往所有经验的巨大冲击。迄今为止，一味追求数量增长的企业战略和以逻辑分析为主导的经营管理模式，紧盯数字上的业绩，对此我们一直怀有一种异样的感觉，而这种冲击证明了我们的预感是正确的，这为醉心于眼前利益、忽略了更加广泛的社会意义和公共利益的人们敲响了警钟。

但是，即便在以往的社会状况下，也没有哪个赢得社会尊重的成功企业能够仅凭数字业绩一路前进，它们的经营管理不仅仅是为了短期效益。很多企业把产生更大价值的知识创造作为经营管理的主题，用高质量的企业愿景提高员工的积极性，增强凝聚力，最终在数字业绩上取得了辉煌的成就。

日产不是丰田、本田那样的拥有强烈价值观的价值驱动型企业，而是一家普通的公司，因此日产一直在时代的浪潮和不同的经营者手中起起伏伏。但是在深层次上，日产对于“打造卓越汽车”和“全球化”的热情绝不亚于其他公司，在披荆斩棘的过程中逐渐掌握了“兼容并蓄、为我所用”的能力，并将其变成自己的强项。为此，日产敞开自己的大门，了解世界发展趋势，开展知识的交流，其实质正是本书所说明的 20 多年来日产对于海外研发战略的执着追求。日产由此掌握了“全球知识共创”的经验技术，这不仅仅是为了获取利益，更是为了与全世界的盟友一起创造并实现美好的愿景：面向世界市场，与全球工程师携手打造卓越的汽车。

当今时代要求企业在全球市场上创造产品体验。要想对市场造成巨大影响，企业必须在内部形成描绘强烈愿景的知识回路。为了实现愿景、展翅高飞，众多非价值驱动型的普通日本企业不给自己设置壁垒，与全世界的盟友一道勾勒远大理想、开展共同创造，这是一个良好的契机。日本企业的产品制造和服务非常精致且人性化，然而局限于日本本土则无法发挥这种优势，动态地产生更加先进的革新。至于如何才能与全球知识建立关联性，我们希望企业以自身的强项为基础，接触全世界的知识，提出能够打造出色的产品体验的愿景。基于这种想法，我们在本书中特意用讲故事的形式介绍了日产敢为人先的大胆尝试。

在本书写作期间，许多全球研发模式的参与者为我们提出了宝贵意见。日产原社长久米丰，研发、生产和采购等部门的在职工程师和退休人员，NTCNA、NTCE、NTCE 西班牙分部和雷诺技术中心的众多本地员工，讲述了自己的想法和经验。参与本书创作的宫岛由树先生、金子任先生自始自终提供了日产内部的重要资料和知识，NTC 的二俣达哉先生也指导了本书的写作，给予我们大力支持。福莱国际传播咨询公司日本区高级副总裁佐藤胜彦先生（原日产汽车人事部副部长、日本福特总裁）为本书的框架、逻辑安排和故事内容投入了大量的心血。本书是我们与配合我们采访的各位人士以及奋斗在全世界研发一线的研发人员对全球知识共创所倾注的热情的集体成果，在此谨向给予我们大力协助的各位朋友表示衷心的感谢。

2009 年 3 月

野中郁次郎　德冈晃一郎

附　录

世界の知で創る

20 年来日产在美国、欧洲探索研发模式的历程

年份	日产北美技术中心（NTCNA）		日产欧洲技术中心（NTCE）	
	组织及其他事件 /< 社长或负责人 >	研发项目开始	组织及其他事件 /< 社长或负责人 >	研发项目开始
1980	日产美国汽车制造公司（NMMC）成立			
1981				
1982				
1983				
1984			• 日产英国汽车制造公司（NMUK）成立	
1985				
1986	• 设立 NRD 洛杉矶事务所			
1987	• 与福特签订备忘录 • 设立亚利桑那实验中学和 NRD 亚利桑那事务所			
1988	• 与福特签订中期合同 • 为了在 NRD 开展本地研发，改编 NRD，设立普利茅斯事务所 < 田沼武 >	贵士（CR）***	设立日产欧洲技术中心（NETC）（在 NMUK 内设立临时事务所） < 植村斋 >	霹雳马（P10）*
1989		Altima*	• 设立海外总公司欧洲日产公司（NE） • 将布鲁塞尔事务所改为 NETC 的分公司	Micra（K11）*
1990	• 设立海外总公司北美日产公司（NNA） • 与福特签订总合同		• 在克兰菲尔德科技园修建新办公楼 • 霹雳马荣登欧洲年度汽车榜第二名	

（续表）

年份	日产北美技术中心（NTCNA）		日产欧洲技术中心（NTCE）	
	组织及其他事件 /< 社长或负责人 >	研发项目开始	组织及其他事件 /< 社长或负责人 >	研发项目开始
1991	• 设立 NRD 法明顿希尔斯事务所 • NRD 启动仪式		• 搬迁至克兰菲尔德 • 与桑德兰形成两大基地体制 < 宫田进 >	
1992	< 成田隆平 >		• 新事务所启动仪式 • Micra 日本车型首次获得欧洲年度汽车榜奖项 • 设立欧洲设计公司（NDE）	
1993	< 筱原敬一 >		• 完成包括 NETC 实验楼在内的扩建工程 < 久富尚志 >	
1994		贵士（QV）***		霹雳马（P11）*
1995	• 生命周期管理开始	Sentra（HF）小改款 *		
1996		Xterra（WQW）***	< 中村幸纪 >	Almera（N16）* Tino（V10）*
1997	• 美国日产汽车在戴克德市的发动机变速箱新制造工厂投入运行 • 向 NTC 大量派遣员工的计划启动			
1998	• 在法明顿希尔斯设立尾气排放实验室，搬迁安阿伯事务所		• 设立 NETC 西班牙分部（改组 NMISA D&D DIVISION） < 明石彰 >	霹雳马（P12）** Micra（K12）**
1999	• S-lot 研发系统启动	Altima（L41A）**	< 杉泽正基 >	

（续表）

年份	日产北美技术中心（NTCNA）		日产欧洲技术中心（NTCE）	
	组织及其他事件 /< 社长或负责人 >	研发项目开始	组织及其他事件 /< 社长或负责人 >	研发项目开始
2000	• NRD 更名为 NTCNA • Xterra 荣获北美年度越野车奖 < 山下光彦 >	贵士（J41D）***	• NETC 更名为 NTCE	
2001	• 日产墨西哥研发部门（NMEX R&D）被纳入 NTCNA	泰坦（H/L61A）*** 阿玛达（P61A）***	< 花冈基悦 >	
2002	• 为提升研发能力，决定投资 3 880 万美元将法明顿希尔斯事务所扩建约 8 361 平方米 • 士麦那工厂的 Production Engineering 团队并入 NTCNA		• 向 NTC 大量派遣员工的计划启动	Micra C+C（K12）***
2003		探路者（R51）** Frontier（D40）*** Xterra（N50）***		Note（E11）** 逍客（J10）*** 探路者（R51）** 纳瓦拉（D40）**
2004	• NTCNA 扩建工程完工 • 泰坦被评为轻型客货两用车年度车型 < 山口豪 >	Sentra（32H）***		

（续表）

年份	日产北美技术中心（NTCNA）		日产欧洲技术中心（NTCE）	
	组织及其他事件 /< 社长或负责人 >	研发项目开始	组织及其他事件 /< 社长或负责人 >	研发项目开始
2005	• NDA（日产设计美国中心）扩建工程完工 • 北美日产质检部搬迁至法明顿希尔斯	VASA（11C）* Altima（L42A）**	• 设立 NTCE 俄罗斯事务所 • 为提高动态性能，设立 NTCE 波恩事务所	
2006	• 北美日产由洛杉矶搬迁至纳什维尔 • Xterra 被汽车媒体 *Motor Trend* 评为 SUV 年度车型	（L42C）***	• 将马德里的发动机研发团队并入巴塞罗那事务所 • 在巴塞罗那设立动力试验中心 <村上秀人>	逍客 +2（J10）***
2007				
2008	<松村基宏>			

注：* 开始生产后 NTC 将业务移交当地（类型 1）。

** 初步设计完成后 NTC 将业务移交当地（类型 2）。

*** 由当地主导研发（类型 3）。

版权声明